united

p.c.

AF144841

www.united-pc.eu

Werner Mikota

Von Peru nach Mexiko

Ein Schamane auf der Suche nach
indigenen Heilern

und zu den Heiligen Plätzen der First Nation in
den USA mit Karin

Inhaltsverzeichnis

Meine Ankunft in Peru und die Ankunft der Inkas auf der Isla del Sol

Zurück nach Peru zum Fest der Panflöten und auf den Spuren der Inkas bis Machu Picchu

Tarapoto und eine Kiwa Zeremonie und der Dschungel ruft

Ingapirca und eine Reise zur Mittellinie der

Erdkugel

Otavalo zum 1000jährigen Baum

Zu den energetischen Plätze San Agustin und Tierradentro

von der Wüste Tatacoa zum Kaffee in Salento und zu den höchsten Palmen

Medellín und Bogota

Santa Martha und die Flüchtlingskatastrophe

San Andreas die Südseeinsel

Reiseroute USA

Zu heiligen Plätzen der Firstnation in den USA mit Karin

von Las Vegas, Red Rock Monument nach Grand Canyon, Monument Valley zur Mesa Verde, Canyonlands und Arches, Grand Teton Nationalpark, Yellowstone, Big Horn Medizin Wheel, Devils Tower, Black Hills, Pine Ridge, Bear Butte, Badlands Nationalpark, weiter nach Niagara Falls und Rochester und retour nach Chicago

Vorwort

Wie kam es zu dieser Reise?

1998 traf ich Hyemeyohsts Storm, den Autor von „sieben Pfeile" und „Lightningbolt". Beide Bücher waren eine Inspiration für mich. Die Sieben Pfeile ermutigten und erinnerten mich an meine Ursprünglichkeit und ich begann meine Wurzeln in den USA zu suchen. Ich wollte dort Storm treffen, fand ihn aber nicht, dafür die Badlands in South Dakota.

Es war wie ein Nachhausekommen.

Die Landschaft war mir vertraut und etwas in mir erinnerte sich an den letzten Ghostdance Platz und an Wounded Knee. Dort begegnete ich Averell Looking Horse, der mit einer Gruppe von Europäern ein kleines Ritual durchführte, um die Ahnen zu ehren. Bewegende Augenblicke und mit Tränen in den Augen hörte ich von den Gräueltaten der Soldaten. Herzzerreißend spürte ich das Blut und die Schmerzen im Boden dieser Erde.

Bei einem Powwow traf ich auf einige Darsteller von „Der mit dem Wolf tanzt". Ich hatte bis dahin noch nichts von dem Film gehört. „Wind in seinem Haar" kam mit seiner Harley Davidson und mit seiner Ray Bean Brille gerade an und ich fragte ihn, wie ich da teilnehmen kann und er erklärte mir ein paar wichtige Regeln. Tags darauf war ich im Set von dem Lakota Dorf (die Zeltstangen standen noch). Ein Jahr zuvor sah ich es in einer Vision, am selben Platz nur anders aufgebaut. Ich saß auf einen Hügel und beobachtete das muntere Treiben. Ich stieg langsam von meiner Gestalt aus und kam von Rückwärts auf mein Gesicht zu. Ich sah mein Gesicht, alt, voller Falten und Canyons, die das Leben in mir formten. Aug in Aug brach mein Blick...und ich starb. Meine Haare wurden zu Flügel und ich flog dem Sonnenuntergang und der Nacht entgegen.

In diesen paar Tagen fand ich viel, nur nicht den Mann, den ich finden wollte. Ich kam nach Hause und beim Ausräumen meines Postkastens fand ich die Ausschreibung von einem Seminar mit Storm in München, im Institut Zist. Ich buchte. Zwei Wochen später kam er in Begleitung von zwei Männern, die ihn stützen, in den Saal. Er wirkte alt und krank. Er befreite sich von seinen Unterstützern und kam in Schlangenlinien auf mich zu und berührte mich auf der linken Schulter. Dieser Vorgang wiederholte sich drei Mal, jeweils nach einer Pause. Da begriff ich, dass er spürte, dass ich ihn etwas fragen wollte.

In der Abendpause nahm ich mir ein Herz und ging zu ihm hin. Ich erzählte ihm von der Inspiration durch sein Buch und von meiner erfolglosen Suche nach ihm, die ja jetzt abgeschlossen ist. Ich fragte ihn um Erlaubnis, ob ich Medizinräder legen darf und Seminare damit machen kann. Er bejahte es, denn die Europäer haben das Gespür für Mutter Erde verloren und das Medizinrad lässt sie die Verbindung wahrnehmen. Dort kaufte ich auch sein zweites Buch „Lightningbolt" und beim Lesen kam die Idee die Hochkulturen Südamerikas von Bolivien bis nach Mexiko zu bereisen. Allerdings brauchte es Zeit. Verpflichtungen, persönlicher und finanzieller Natur, hielten mich bis zu meiner Pensionierung 2018 in Steyr fest. Am 30.April heiratete ich Karin, die mich dann an meinen Traum erinnerte und mich schweren Herzens nach Lima, Peru im Herbst entließ.

An dieser Stelle bedanke ich mich für die Großherzigkeit und Liebe meiner Frau, die, die mich ziehen ließ. Ohne ihrer Unterstützung wäre es ein Traum geblieben.

Danke an Heinz Zinke, dem ich sicherlich einige graue Haare vermachte, ob meines spanisch Lernens, für seine Obsorge und fürs in Kontakt bleiben.

Danke an Ricardo Quinonez, vor allem für sein Wissen über die peruanische Kultur, ihre Plätze und seine Connection zu seiner Mutter Señora Lucilla und seinem Bruder Juani, die ich besuchen durfte und die sich herzlichst um mich kümmerten.

Dank gebührt Monika Görig für ihr beherztes Korrekturlesen und kritischen Anmerkungen.

An Thomas Mutschenlechner für seine Kontakte, die ich leider nicht nutzen konnte und an seine Frau. Dank an alle Begleiter, die ich auf dem Weg getroffen habe: Jenny mit Ricardo und Ignacio, bei denen ich kolumbianische Gastfreundschaft kennen lernen durfte, Antonio, Heriberto von den Raises de la Tierra, Wilson, Su Li und Hugo und Silvana Lopez…alle, die zu mit freundlich und korrekt waren.

Die schamanische Reise nach Peru...

... gestaltete sich schwieriger als angenommen. Der Abschied von Karin, meiner Frau und Aska, unserer 15-jährigen Hündin, fiel mir schwerer als gedacht. Sie begleiteten mich nach München zum Flughafen. Ich sehe sie noch vor mir, Karin mit einem weinerlichen Lächeln und Aska mit ihrem fragenden Blick und mich, - mit einer Trauer in meiner Brust. Lange noch standen sie da, bis ich durch die erste Kontrolle musste ...

... überall piepste es! Meine Wanderhose hatte viele, viele zu viele Reißverschlüsse. Schuhe ausziehen. Abtasten lassen.

Das Handgepäck wurde auseinandergenommen.

Kaum im Flugzeug, schon wieder gelandet.

Ankunft in Madrid, wo ein Drogenhund auf mich gehetzt und das Handgepäck erneut kontrolliert wurde. Ich schlag mir die Nacht am Flughafen um die Ohren.

Am Vormittag einchecken, - ich habe ja Zeit. Beim Schalter meinte die Dame, sie könne mich nicht in das Flugzeug lassen, da ich kein Rückflugticket habe. Naja, natürlich nicht, ich weiß ja nicht, wann und wie ich weiterkomme. Ich könnte auch ein Busticket vorweisen, wenn ich es gewusst hätte ... aber nichts geht. Ich brauche es jetzt und wo bekomme ich eins? Sie zeigt mir eine Agentur, da gehe ich hin, die Zeit läuft und nach zähen Verhandlungen buche ich stressbedingt ein Flugticket: In drei Wochen Lima - La Paz für 250,00 Euro. Scheibenkleister, ich will nicht nach La Paz und schon gar nicht in drei Wochen!

Es folgte dann ein ruhiger Flug.

Wir überqueren den Norden Brasiliens, fliegen den Amazonas ein Stück entlang. Er windet sich schlangengleich durch unendliches Grün. Von hier aus ist die Welt da unten in Ordnung. Keine Abholzungsgebiete, kein Rauch von Feuern, einfach nur wunderschön und dann der Flug über die Anden, atemberaubend …

Peru Süd

Von Lima nach Nasca, von den Linien Nasca nach Arequipa, Arequipa zum Colca Canyon, von da nach Puno, danach nach Yunguyo, Abstecher zur Ilsa del Sol. Retour nach Yunguyo zu den Uros, nach Cusco und Pisaq, mit dem Collektivo nach Aqua Caliente rauf nach Machu Picchu zu Fuß durch das Urubambatal.

Die Krater von Moray und den Salinas von Maras, weiter nach Ayacucho und Huancayo.

Lima

Ankunft in Lima, dieser riesigen, stinkenden Hauptstadt von Peru, so zumindest präsentiert sie sich mir. Mit knapp 10 Millionen Einwohnern inmitten der Wüste ist sie dennoch die einzige Großstadt Südamerikas, die direkt an der Pazifikküste liegt.

Noch stehe ich verloren, wieder einmal nach gründlicher Kontrolle, an der Bordsteinkante, reflektiere das Gespräch mit dem Zollbeamten, (er gewährte mir soeben sechs Wochen Aufenthalt) und warte auf das Taxi, das mich abholt, um dann ins Hostal gebracht zu werden. Wirklich liebenswerte und bemühte Menschen empfangen mich. Es ist nicht alles so wie im Internet, aber doch ähnlich. Ich habe zwei Nächte gebucht, mehr ist auch nicht nötig, ich möchte raus aus dieser, für mich so schrecklichen Metropole. Der Smog, die Lautstärke, der Dreck wirkt abstoßend und faszinierend zugleich. An der Straße waren Läden mit Hühnerfleisch, Schwein und Rind kamen später dazu. Dazwischen kleine Stände mit peruanischem Fastfood.

Tags darauf suchte ich mir die Busverbindung nach Nasca, kaufte ein Ticket und verbrachte den Tag noch im historischen Zentrum von Lima. Viel Militär und Polizei waren zu sehen. Eine Militärmusikkapelle spielte Jazziges mit Brass-Einschlag ...

Die Busfahrt war lange, allein, bis wir aus Lima raus waren, dauerte es zwei geschlagene Stunden. Am Außenrand der Stadt war der Müll mit Erde vermischt worden und Siedlungen darauf gebaut. Ich dachte mir noch, ob da nicht der Grundstein von Seuchen gelegt werden würde.

Nazca liegt im Hochland von Peru

Die erst 1924 entdeckten und inzwischen berühmten Nazca-Linien, die vermutlich 200 vor bis 200 n.Chr. entstanden, sieht man eigentlich vom Flugzeug besser, aber sie waren auch am Boden sehr beeindruckend - allerdings in ihrer überdimensionalen Größe und Form mit freiem Auge nicht erfassbare Figuren in der Steinwüste. Mythen ranken sich um diese Darstellungen.

Das Museum von Maria Reiche, einer deutschen Archäologin, die ihr ganzes Leben der Erforschung der Nasca-Zeichnungen widmete, konnte keinen Aufschluss geben, über den Zweck der Linien. Sie sammelte akribisch viele Fakten und Bilder. Bis hin zu Eric von Däniken, der eine Landplatz der Außerirdischen und ihre Huldigung vermutete. Mit Sicherheit wurden sie als Ritualplätze benutzt. Allein wie diese Größe machbar war, ist rätselhaft.

Tatsache ist, dass die Nazca Kultur schon vor den Inkas ihre Hochblüte feierten, um dann zu verschwinden… hingegen blieben die beeindruckenden Tempel in der untergegangenen Stadt **Cahuáchi** im Nazca Tal, die Bewässerungsgräben, die Linien und Scharrbilder (Geoglyphen genannt), sowie die Gräber als stumme Zeugen jener Zeit.

Die Nazca begruben ihre Toten Fötus-Stellung, um ihnen den Übergang in ein neues Leben zu erleichtern. Sie vermuteten, dass sie leichter geboren werden, wenn sie in ähnlicher Stellung begraben wurden.

Nasca – Der Schamane und die Familie

Dann machte ich mich nach **Arequipa** auf (ist Ketschua und bedeutet „bleiben Sie"). Nach einer Busfahrt von ca. 10 Stunden und 590 Kilometer erreichte ich eine sehr spanisch anmutenden Stadt. Jene, die gleich von drei Vulkane umgeben ist und auch die weiße Stadt genannt wird, nicht wegen der hellen Bauten, sondern wegen des hohen Anteils an Spaniern, die den Einheimischen verboten hatten, in der Innenstadt zu leben. Sie liegt auf einer Seehöhe von 2335 Meter und eignet sich sehr gut zum Akklimatisieren.

Kathedrale Arequipa

Früchte am Bauernmarkt

Nach dem ersten Besuch des riesigen Bauernmarktes San Camillo, an dem ich mich nicht sattsehen und sattriechen konnte, mit seinen Früchten und dem historischen Stadtkerns, machte ich einen Ausflug zu heißen Quellen in der Nähe und eine Wanderung zu einem Wasserfall. Der Bus war vollgestopft und trotz Ricardos Warnung, den Rucksack IMMER vorne zu tragen, trug ICH ihn hinten. Es stellte sich als Fehler heraus, denn er war aufgeschnitten und die Kamera fehlte. Ich hatte zum Glück noch das Handy! An den warmen Quellen blieb ich nicht lange, dafür machte ich mich auf dem Weg zum Wasserfall. Ich glaub so zweieinhalb Stunden war ich unterwegs, langsam, gemächlich, als mich ein Junge überholte, - ich nahm ihn schon länger wahr, da er mit seinem Handy Musik hörte. „Buenas tardes, Senior!" und weg war er, sprang wie eine Gämse von Stein zu Stein, lief leichtfüßig, spielerisch den Weg entlang, um dann bei Steinformationen halt zu machen. Er hielt inne und streckte die Arme dem Wind entgegen. Lerne durch Beobachten! Ich machte es nach und erfuhr Kühle und Frische durch den Wind ... er flüsterte von Ahnen und Altvorderen, Bewohnern der Steinwüste.

Ich komme an einen Imbissstand, bzw. ein schlichtes Restaurant, bekomme etwas zu essen und zu trinken. Es sind ein paar junge Amerikanerinnen da, die sich auch ausruhen. Ein wenig unbeschwertes Plaudern, woher, wohin, wie lange … interessant. Bis dann.

Weiter geht`s. Da tut sich ein Tal auf, grün, saftig mit Eukalyptusbäumen, ein kleiner Fluss mäandert, plätschert, dann werden die Ränder steiler, enger und es entwickelt sich eine Schlucht. Manchmal muss ich den Bach durchqueren. Es sind einige Einheimische und manchmal auch Touristen unterwegs, bis die Schlucht endet und sich der Wasserfall von oben ergießt. Manche Wagemutige stellen sich darunter und quietschen verzückt. Ich bleibe, betrachte das Treiben, gönne mir eine süße Banane und Wasser, bevor ich mich auf den Rückweg mache. Da kommt mir ein junges Pärchen entgegen, er vorneweg, dreht sich zu ihr um und sagt dann im tiefem, oberösterreichischem Dialekt: „I glaub, der wohnt do!" – „Leida na", erwiderte ich, worauf sich bei beiden die Gesichtsfarbe rubinrot färbte.

Ich buche eine Tour in den Colca - Canyon und verlasse die Landschaft von Arequipa. Am Beginn der Reise bekamen wir eine Einführung, wie man Coca Blätter kaut. Der höchste Punkt der Fahrt war 4910 Meter über dem Meeresspiegel und die Luft so dünn, dass du zwei Atemzüge machen musstest, um einmal geatmet zu haben. Coca verhilft dir zu vermehrter Sauerstoffaufnahme im Blut und verhindert Kopfschmerzen oder Schwindelgefühle. Von diesem Aussichtspunkt hast du einen Blick auf sieben Vulkane, wobei Sabacaya ziemlich rauchte.

Sabacaya Vulkan

Begleitet von Lamas, Alpakas, Vikunjas (die sogenannten Kamele der Anden) und auch einem Kojoten, fuhren wir nach Chivay, die Stadt am Beginn des Canyons. Vom Höchsten Punkt geht es 3000 Meter in die Tiefe, ein ultimativer Flugort für Kondore. Sie saßen zu zweit etwas erhöht am Straßenrand und putzten sich gegenseitig, bis sie sich mit ihren 3 Meter Spannweite in die Lüfte erhoben und ihre Kreise über unsere Köpfe zogen. Momente des Glücks, - selbst jetzt beim Schreiben laufen mir die Tränen über die Wangen. Ergriffenheit erfasst mich, sobald ich daran denke. Zuerst versuchte ich sie fotografisch einzufangen, bis ich das Handy weglegte und sie ungefiltert mit meinem Herzen betrachtete. Das Pärchen streifte eine ganze Weile über uns und rund um uns herum,- das Staunen hörte nicht auf. Am ursprünglichen Aussichtspunkt hatten andere Touristengruppen nicht eine Sichtung von einem Kondor.

Ich bleibe noch eine weitere Nacht, ehe ich nach Puno weiterfahre.

Von Puno aus begebe ich mich nach Yunguyo.

Der erste Blick auf den Titicacasee, den höchstgelegensten, schiffbaren Binnensee der Welt. Fast 4000 m über dem Meeresspiegel. Der Himmel so klar und so weit, die Sterne unglaublich, zum Greifen, nah. Kaum Vegetation, nur ab und an Sträucher und Bäume. Die

Busse werden immer kleiner, bis sie zu Neunsitzer werden, meist mit zwölf Personen an Bord. Yunguyo ist der letzte Ort vor der bolivianischen Grenze. Von dort kannst du zu Fuß die Grenze überqueren. Ich hätte dort auch nicht Halt gemacht, hätte nicht Ricardo darum gebeten, seine Mutter zu besuchen, um ihm wegen ihres Gesundheitszustands zu berichten. Ich war lange der einzige Tourist in der Gegend und erregte daher Aufmerksamkeit, wenn ich mit Ricardos Mutter oder seinem Bruder und dessen Töchter durch den Ort, auf den Markt spazierte.

Lucilla ist um die 75 Jahre alt, eine Aymara (indigenes Volk) und führt ein sehr einfaches, naturverbundenes Leben. Mit den Hühnern aufstehen und mit ihnen schlafen gehen. Das Feld wird gemeinschaftlich bestellt und Okra (Gemüse-Eibisch) angebaut. Dabei durfte ich behilflich sein und merken, wie schwer Arbeit in dieser Höhe fällt. Anfangs wurde ein Ritual mit Coca Blätter abgehalten, bevor mit einem Ochsengespann gepflügt und ehe die Wurzeln eingelegt wurden.

Lucilla hatte mehr Durchhaltevermögen als ich. Während des Tages verstand ich kein Wort, denn alle sprachen Aymara miteinander.

Morgens wachte ich immer mit Luftproblemen auf. Atmen fiel mir schwer, ich hatte dort immer das Gefühl, zu wenig Luft zu bekommen. Mit einem Coca Tee war alles wieder gut.

Besuch bei Pedro, dem Schamanen

Wir brauchten ca. eine Stunde, bis wir beim Schamanen (Curandero) Pedro angekommen waren. Es war nicht leicht ihn zu finden, selbst Lucilla hatte Mühe. Bei der Annäherung an Pedros Haus hob Lucilla wegen der Hunde einen Stein auf, den sie fallen ließ, als Pedro erschien.

Er kam auf zwei Krücken, ein ungefähr 50-jähriger Mann. Er erzählte, dass er sich das linke Bein gebrochen hat, aber das Spital meide er. Auch nach dem Bruch seines rechten Armes ist er nicht in das Krankenhaus gegangen. Nach Austausch von Höflichkeit hat der uns in sein Zimmer geführt und uns Platz angeboten. Auf seinem Tisch war ein zusammengefaltetes Tuch, als er es öffnete, kamen Coca Blätter zum Vorschein. Zunächst legten wir einige von unseren dazu und ich gab zwei Soles (peruanische Währung) darauf. Er begann Coca Blätter zu kauen und ließ dann einige Blätter darüber das Tuch rieseln, schlug es zusammen und forderte mich auf, meine Hand darauf zu legen. Dann fragte er mich nach meiner Absicht. Pedro ging aus dem Raum und kam nach 10 Minuten zurück.

Er mischte Karten und ließ mich drei ziehen. Eine für mich, eine für eine andere Person und eine für Karin. Legte sie nebeneinander und zwei Reihen verdeckt darunter. Drehte sie dann um und war etwas erstaunt.

Tat sie dann weg und forderte mich erneut auf drei Karten für die andere Person zu ziehen. Selbe Prozedur. Drehte sie um und meinte, sie hätte viele Konflikte in sich. Es waren ausschließlich Messer und Prügel in den Karten. Er sagte er brauche drei Tage, um diese Verbindung zu lösen und es kostet mich dreißig Soles. Am Dienstag sollte ich wiederkommen.

Dienstag: er war etwas enttäuscht, da ich ihm zu wenig medizinischen Alkohol mitgebracht hatte, auch fand ich keine schwarze Kerze. Den Wein solle ich selbst trinken. Naja, und auch die Zigaretten waren nicht die richtigen. Aber trotzdem. Er zeichnete ein Kreuz in den Lehmboden, stellte Kerzen auf und lichtete das Altartuch. Vier Totenschädel lagen neben den Bildern von Jesus, Maria Mutter Gottes und diversen Engeln. Er meinte es seien die Schädel seiner Ahnen, die er ausgegraben hatte. Der eine Großvater war enthauptet worden. Wieder die Prozedur mit den Coca Blätter. Er selbst kaute eine Menge davon … ich auch. Hin und wieder bespritze er mit dem Alkohol die Schädel, das Kreuz, mich und nahm selbst auch mal einen Schluck. Gut für den Magen, sagte er. Lucilla kam später hinzu. Dann musste ich mir eine Zigarette anzünden und den Rauch in die vier Himmelsrichtungen blasen. Mit einem Feuertopf vier Runden drehen und immer wieder Räucherwerk nachlegen. Fertig, „listo".

Blick auf den Titicacasee

Nächsten Tag fuhr ich nach Bolivien, nicht nur um mein Visum zu erneuern, sondern vor allem wegen des Geburtsortes der Inkas, der Isla del Sol. Copacabana der Ausgangspunkt, liegt an einer schönen Bucht und ist sehr touristisch.

Ich kaufte ein Oneway-Ticket zur Insel, ohne Quartier gebucht zu haben. Ich weiß, dass es zwei Teile der Insel gibt, den touristisch südlichen und den nördlichen. Wir haben im Süden angelegt, dort reihen sich Hotels und Restaurants aneinander. Der ursprüngliche Name der Insel lautete Titicaca, nach dem später auch der Titicacasee benannt wurde. Die Herkunft des Namens ist nicht sicher, sie soll auf zwei Aymara-Wörtern beruhen: „titi" heißt „große Katze" und „kak" heißt „Felsen". Frei übersetzt bedeutet es „Puma-Felsen". Auf Quechua (indigene Sprachvariante) dagegen heißt „titi" „Blei" oder

„bleifarben" und „qaqa" heißt „Felsen", also „bleierner (bleifarbener) Felsen".

In der Mythologie der Inka soll der Sonnengott Inti seine Kinder, den ersten Inka Manco Cápac und seine Frau Mama Ocllo, auf einem Felsen der Isla del Sol zur Erde gelassen haben. Somit spielt die Insel in der Mythologie der Inka eine sehr große Rolle (Wikipedia). Ich wollte jedenfalls die Insel so weit wie möglich erkunden und ging einfach immer den Pfad entlang, ungeachtet dessen, dass ich Hotels und Restaurants hinter mir ließ. Zwei, drei Stunden später begann ich Insel Bewohner zu befragen, ob es hier etwas zu essen gäbe … sie deuten lediglich in die Richtung, wo ich herkam. Die Nacht brach herein, so suchte ich in einer Bucht einen Platz zum Schlafen.

Als mir ein Mann begegnete, warnte er mich eindringlich, unbedingt umzukehren, sonst gäbe es ziemliche Probleme. Ich wäre hier nicht erwünscht, kein Fremder sei hier erwünscht und daher auch nicht sicher vor Gefahren. Ich kehrte um und ging so lange retour, bis ich mir einigermaßen sicher war, dass mir niemand folgte, - dann erst versteckte ich mich zwischen den Mauern der Felder und versuchte zu schlafen. Hunde bellten und ich ängstigte mich, ob sie mich suchen und überfallen würden. Ich beruhigte mich, als auch die Hunde ruhiger wurden, die Stimmen ferner und leiser wurden… und schließlich ich gab mich dem Staunen hin.

Lange betrachtete ich den wunderbaren Sternenhimmel und ich sah den Mond auf und untergehen bis der Morgen graute. Erst bei Tagesanbruch machte ich mich weiter auf den Rückweg. Ich war zu dieser Zeit völlig allein unterwegs, bewunderte die aufgehende Sonne, wie sie hochstieg und mich in ihr Licht und ihre Wärme zu hüllen begann. An einem Berggipfel im Süden fand ich einen Altar und machte ein Dankbarkeitsritual. Dankbar hier zu sein, für diese Schönheit der Welt, dass ich all dies unbeschadet erleben durfte.

Isla del sol

Ich hatte meine Rassel, Räucherwerk und meine Adlerfeder immer bei mir. Ich reinigte mich mit dem Rauch und dann die Utensilien. Zuerst wendete ich mich gegen Norden, dort wo das Ende und der Anfang des Kreises sind. Der Ort von Tod und Zeugung, er ist dem Element Luft und den Tieren geweiht. Weiter nach Osten der Ort von Neubeginn, Geburt und Licht, er ist dem Feuer und den Spirits (Geistführer(innen)) gewidmet, danach nach Süden der Ort des Wachstums, der Emotionen, er ist der Ort der Pflanzen und dem Wasser... und letztlich nach Westen wo Ernte und Reifung herrscht, der Ort der Kristalle und der Erde. So rufe ich mir die Verbindung mit allen Wesen und Elementarkräfte ins

Bewusstsein, singend und rasselnd... und ich bin immer wieder erstaunt, dass mich der Wind besonders heftig begrüßt (ich bin als Wassermann ein Luftzeichen). Zurückgekehrt in den touristischen Teil, wusste ich, weswegen der Norden keine Fremden wünscht. Der Tourismus macht alles „Echte" und „Ursprüngliches" kaputt. Die Menschen verändern sich zu sehr mit dem Geld und der vermeintliche Reichtum wird zur kulturellen Armut.

Ich ging frühstücken, es war sieben Uhr. Ein Kind spielte mit einem Handy. Die Mutter bediente mich. Zwischendurch forderte sie immer wieder ihren Sohn auf, das Handy wegzulegen. Dramatische Ereignisse spielten sich dann ab, bis sie endlich das Handy erwischte und es ihm entzog. Er verließ weinend und schreien das Haus, war dann eine viertel Stunde später wieder da und meinte, er habe heute keine Schule, wollte wieder zum Handy greifen. Die Mutter war schneller, worauf sich das Drama fortsetzte. Solche Szenen traf ich auf meiner Reise öfters an. Zu Fuß ging es zum Palast von Pilkokaina, wo Kinder für mich Federn sammelten und mir den Stein des Pumas zeigten. Interessanterweise fühlte sich dieser um einiges wärmer an als die anderen in seiner unmittelbaren Umgebung.

Rückfahrt nach Copacabana, eine Nacht im Bett, vorher aber noch auf den Kalvarienberg und gleich darauf, nebenan auf den Mutterhügel, der mir energetisch wesentlich sympathischer war. Auch da ein ursprünglicher Altar und Feierplatz.

Der Übergang zurück nach Peru, war verhandlungstechnisch schwierig, der Grenzbeamte wollte mir nur 60 Tage gewähren, ich brauchte aber 90. Es war nichts zu machen. Erst als ich mit Juani, Ricardos Bruder wiederkam, konnte dieser meine Angelegenheit durch seine Überzeugungskraft und inständigem Bitten, zufriedenstellend für mich regeln.

Eine Besonderheit hat Yunguyo noch… das Festival der Panflöte. 2000 Panflötisten kommen für 4 Tage, aus vielen südamerikanischen Ländern zusammen, um in einem Wettbewerb die beste Gruppe zu wählen und um zu feiern. Yunguyo ist zu diesem Zeitpunkt ein einziges Bierfass. Alle sind im Rausch der Musik und des Bieres.

Dann endlich kam das große Panflöten Festival, dem auch ich schon seit Tagen entgegengefiebert hatte. Aufgeregt waren sie alle schon. Bei den Proben der Jugendgruppen konnte ich immer dabei sein. Am Vorabend war die Generalprobe, da marschierten schon an die 1000 Menschen rund um den Plaza de Armas. Nächsten Tag ging es im Stadion weiter. Auf der Tribüne drängelten sich die Menschen, - es gab keine Absperrungen. Ohne Sicherung an herausstehenden Rundeisen emporkletternd, schafften es alle hinauf, auch die Betrunkenen. Der Aufmarsch der Panflötengruppen dauerte drei Tage, bis die Besten gekürt wurden. Immer in der sengenden Sonne sitzend, verharrten die Einheimischen, von einer dicken Schicht Sonnencreme geschützt. Die Sonne, so sagen sie, wird in den letzten Jahren immer intensiver.

Anschließend musst du einfach den Durst mit Bier löschen. Nach vier Uhr nachmittags dränge ich mich nur mehr an Betrunkenen vorbei. Mir scheint, am nächsten Morgen stinkt ganz Yunguyo nach Urin. Am letzten Tag gibt es dann die große Parade, bei der alle Panflötenspieler mitmarschieren.

Ich sitze mit Lucilla ganz vorne und merke, wie sehr sie von den Mitbewohnern geachtet wird.

Mit Feuerwerk inmitten der Menge und großem Besäufnis endet das Fest.

Zwei Tage später fahre ich nach Puno, um den Bus nach Cusco zu bekommen. Dazwischen ein Kurzbesuch bei den Urus, den Inseln aus Binsen, die direkt auf dem Titicacasee schwimmen. Beeindruckend und doch ein bisschen für Touristen gestellt. Dann geht die Reise mit dem Nachtbus weiter, mit dem ich tiefgekühlt am Morgen ankomme.

Abschlussparade Panflötenfest

Cusco

Der erste Eindruck war die Größe der Stadt, die gesamte Ebene ist verbaut und an den umgebenen Hügeln hochgezogen. Überall freundliche und hilfsbereite Menschen. „Weißes oder Braunes?", diese Drogenangebote begegneten mir noch und nöcher. Schamanen bieten in Shops Rituale und Zeremonien an. Das alles wirkt etwas befremdlich. Cusco ist natürlicherweise sehr touristisch und daher auch teurer als das Umland.

Politischer Aktivist

Dort treffe ich auch auf Alfons, der immer wieder auf die herrschenden Missstände in der Welt hinweist und der dafür auch schon ein paar Mal eingesperrt wurde.

Von oben gesehen machen die alten Stadtmauern das Bild eines Pumas, er gilt als der Beherrscher der

Mittelwelt, die obere gehört dem Condor, die Unterwelt der Schlange.

Ich entschließe mich, keine geführten Touren zu machen und begebe mich auf eigene Faust mit Sammeltaxis nach Pisaq, einer der größeren Burgfestungen der Inkas im Valle Sagrado.

Ab dem Hauptort geht nichts mehr weiter.

Kurzentschlossen stoppte ich eine übervolle Limousine, worauf ich einfach in die Mitte gequetscht wurde. Auf die Frage, ob ich genügend Geld für den Eintritt habe, verneinte ich, mit so viel hatte ich nicht gerechnet! Ich bekam die Kopfbedeckung einer Frau aufgesetzt und auch ihren Schal. Danach musste mich schlafend stellen. Sie schmuggelten mich anstandslos durch die Abfertigung und hatten anschließend einen Mords Spaß. Ich habe ihnen dann Bänder als Dankeschön abgekauft, die heute noch meinen Hut zieren. Wieder zurück, besorgte ich mir ein Ticket für Machu Picchu. Zu dieser Zeit bekam ich es anstandslos. In den Hauptsaisonen musst du schon von zu Hause buchen.

Ich reise nicht mit dem Zug, sondern mit einem Kleinbus.

Nächsten Tag, - ich wurde angehalten unbedingt pünktlich zu sein, der Bus würde nicht warten! … aber wir warteten eine dreiviertel Stunde auf ihn. Dabei lernte ich Verena und Daniel kennen, zwei liebenswerte junge Tiroler, die ebenfalls nach Machu Picchu wollen. Eine abenteuerliche Fahrt von sieben Stunden begann.

Um 16:30 Uhr kamen wir bei der Bahnstation von Hydraelektrica an. Von dort zu Fuß zweieinhalb Stunden nach Agua Caliente. Von diesem Ort fuhr ich nächsten Mittag mit dem Bus nach Machu Picchu hoch.

Ca. 2000 Menschen besuchen täglich diese heilige Stadt. Es wurde gemunkelt, dass nachmittags das Wetter wegen aufziehender Wolken ja nicht so gut sein würde, dem war allerdings nicht so. Strahlender Sonnenschein und nur wenige Menschen... ein gewaltiger Anblick, der das Herz höherschlagen lässt.

Beim Durchgehen entdeckte ich zwei Tore in die alte Zeit, da kamen mir in meiner Imagination Krieger, mit Jade behangen und Höflinge entgegen und ich hatte einen kurzen Einblick in ihr Leben.

An einem besonderen Platz packte ich meine Rassel und meinen Medizinbeutel aus, opferte in den vier Himmelsrichtungen Tabak und bemerkte dabei, dass sich ein junger Schamane mit seiner Klientin in der Nähe niedergelassen hat. Ich begann zu rasseln und zu singen und der Raum öffnete sich in die Weite. Eine Gruppe Amerikaner zog schnell weiter. Am Ende waren wir drei allein. Er nickte mir wohlwollend zu.

Ich ging zu Fuß nach Agua Caliente zurück, um dann nächsten Morgen in das Urubambatal aufzubrechen. Zwei Tage war ich unterwegs, ohne ein Autogeräusch zu hören, nur manchmal den Zug.

Ein ständiger Begleiter war das Rauschen des Flusses. Großartige Landschaften und satte Eindrücke. Am Abend wurde ich etwas unsicher, wohin ich mein Haupt legen würde, da kam ich an einer Hütte vorbei, wo fünf Männer schon in lustiger Stimmung waren. Sie winkten mich hinzu und luden mich auf „Pisco Sour" ein. Es war ein berauschter Abend, bis mich einer von ihnen zu seiner Hospitaje privada einlud. Wir gingen noch gut ein - bis eineinhalb Stunden, bis wir vor seiner Hütte waren. Gleich neben dem Stall hatte er ein "Zimmer" mit einem "Bett", daneben schlief er, davor gab es aber noch mehr Pisco Sour (Traubenbrand mit Sprite) und peruanische Folklore aus dem Lautsprecher.

Tatsächlich wachte ich morgens ohne Kater auf und wanderte weiter, jedoch nicht ohne beim Verabschieden ein paar Geldstücke zu hinterlassen.

Langsam weitete sich das Tal. Es zeigten sich wieder Ruinen und kleinere Ortschaften. Letztendlich der Ort Urubamba, der von vielen spirituellen Aussteigern besiedelt wird und dann zurück nach Cusco, wo ich die Peruvian Cooking Class von Pedro Quinonez Nina besuchte. Wunderbares Essen und eine super Kocherfahrung.

Ich habe mich entschlossen eine geführte Reise zu den Kratern von Moray und den Salzminen zu machen. Natürlich nicht ohne einen Zwischenstopp, um Souvenirs zu kaufen. Das Geschäft war in einem Innenhof, dort wurde das das natürliche Färben von Wolle gezeigt. Daneben war eine Art Haus für Meerschweinchen, die in großer Zahl kauend und quietschend ein munteres Leben führten. Auf die Frage einer Touristin, ob sie zum Streicheln da sind, verneinte die Peruanerin lächelnd: „Nein, zum Essen".

Die Krater von Moray befinden sich 3500 m über dem Meeresspiegel. Durch die Terrassierung und die Anordnung im Rondo ergibt sich eine Überlagerung von verschiedensten klimatischen Bedingungen.

Möglicherweise diente Moray den Inka als Agrarversuchsfeld zum Studium des Einflusses der Mikro-Klimate auf den Pflanzenwuchs. Zusätzlich wurden Rituale, wie Erntedankfeste abgehalten. Bis vor 50 Jahren wurden hier noch Kartoffeln und Gerste angebaut. Beeindruckendes Wissen über Zusammenhänge und das Klima in der alten Zeit.

Krater von Moray

Weiter nach Maras zu den Salinen, die auch schon seit den Inkas Bestand haben. Nach wie vor mit Handarbeit, altem Wissen gepflegt und geerntet werden und ähnlichen rosarotes Salz liefern, wie im Himalaya.

Peru Nord

Von Ayacucho nach Huancayo, nach Tarma zur Grotte de Huangapo und zu den Heiligen Quellen Cachi Puquio, von da über Cerro de Pasco, nach Cerrada Huanuco, Kotosh nach Catac und weiter nach Chavin de Hunatar, in den Dschungel nach Tingo Maria, Aucayacu, Tocache, Juanjui, Bellavista, nach Tarapoto von dort nach Yurimaguas mit dem Boot nach Iquitos, retour nach Tarapoto, weiter nach Chiclayo und Pimentel und dann auf nach Ecuador.

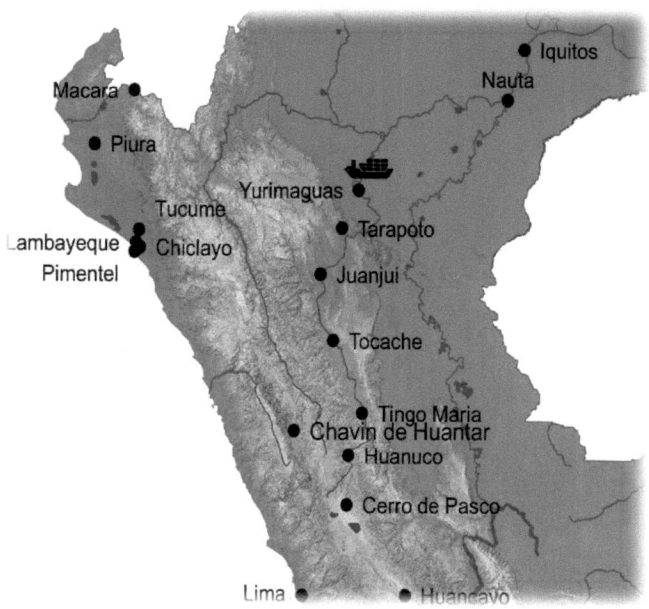

(c)Stepmap

Weiter geht's mit dem Bus über Ayacucho nach Huancayo, - eine atemraubende Fahrt mit einer knarrenden Hinterachse, die bei jeder Kurve den Geist aufzugeben drohte. Die Straße führte über gnadenlose Serpentinen über das Andenmassiv hinauf und in steilen Kurven bergab. Am Fuße des Tales angekommen, ließ der Chauffeur noch einen Fahrgast zusteigen, jetzt war es so weit, - beim Anfahren brach die Achse tatsächlich. Alle raus!

Andenpass

In der Hoffnung auf eine Mitfahrgelegenheit standen wir nun da.

Welch ein Glück, - bald blieb ein Bus stehen, wo sich alle hineinquetschten, bis auf ... mich. Ich war zu spät. So blieb mir nichts anderes übrig, als auf eine neue Gelegenheit zu warten, die sich erfreulicherweise bald auftat. Ein Auto hielt an und ich befand mich sehr schnell zwischen Kartoffelsäcken im Kofferraum. Es war gar nicht so unbequem.

Eine Nacht im Bett und weiter geht's nach Tarma, wo mich ein Blumenfest erwartete. Blüten wurden kunstvoll zu Bildern auf der Straße arrangiert, um dann während der Prozession unweigerlich zertrampelt zu werden.

Tags darauf begab ich mich mit einer kleinen Reisegruppe zu der Grotte de Huangapo und zu den Heiligen Quellen Cachi Puquio.

Das Besondere ist zwei in Eiform, nebeneinander gelegenen, gefassten Quellen, wobei die eine Salzwasser und die andere Süßwasser beinhaltete.

Nächsten Tag geht es mit dem Collektivo, die übliche Art von Kleinbussen, über Cerro de Pasco , in eine der höchstgelegensten und wahrscheinlich eine der schmutzigsten Städte der Welt, auf 4330 über dem Meeresspiegel. Riesige Löcher wurden von dem peruanischen Bergbauunternehmen in Mutter Erde gegraben. 2018 förderte Volcan in Cerro de Pasco hier 11.000t Zink, 4.000t Blei sowie – als Nebenprodukt – 12t Silber (Wikipedia). Inzwischen wurde sie an ein kanadisches Unternehmen verkauft. Schnell weg...

... nach Cerrada Huanuco. Vor allem mit Collektivos und Taxis. Ich wohnte am Rand der Stadt in einer kleinen Pension, am Dach unweit der Ruinen von Kotosh. Im Erdgeschoß meines Quartiers befand sich eine Bar, wo meist Betrunkene grölten. Manchmal bin ich ihnen entkommen, manchmal nicht. Das Zimmer war billig und ich weiß nicht, mit wem ich es noch geteilt habe. Aber nachdem ich keine Insektenstiche entdeckte, war es mir egal.

Kotosh ist eine Prä-Inka-Kultur, die sich besonders wegen des Tempels der gekreuzten Hände hervortut. Nächsten Tag bin ich dann mit einem Collektivo nach Catac und weiter nach Chavin de Hunatar gefahren.

Wieder einmal fast nur Serpentinen, aber es lohnte sich.

Die Tempelanlage von Chavin ist beeindruckend. Ein höchst spiritueller Ort, in dessen Inneren sich Meditationsräume der Tempelpriester befinden. Es ist beim Hinhören und Innehalten noch gut spürbar. Am großen Platz ist ein großer magnetischer Stein vergraben,

- ich habe ihn aufgespürt! Das bestätigte mir ein Lehrer, der mir seiner Schulklasse dort eine Führung machte.

Schutzmasken des Tempels

Beim Meditieren erreicht mich eine Welle von Glück und tiefster Zufriedenheit. Lichtwellen gingen durch meinen Körper, ich vibrierte singend und bedankte mich ergriffen mit einer ehrfürchtigen Verbeugung. Dieser Abschied viel mir schwer …

Retour in Cerrada de Huanuco ging ich etwas spazieren. In einer Seitenstraße begegnete ich dem Blick einer Frau, der ungefiltert in mein Herz drang, gleich darauf erschien ein Strahlen in ihrem Gesicht, das einer Verklärtheit ähnelte.

Tags darauf ging es Richtung Dschungel nur noch bergab. Tingo Maria war der erste Stopp in einer anderen Welt. Mit Früchten und Blumen, mit Bäumen und Gräsern. Jede Farbe wurde von mir aufgesogen, jeder Geruch inhaliert. Der Regen kam zwei bis drei Mal am Tag, er war heftig und angenehm, dafür bewährte sich mein Poncho. Ich habe erfahren, dass es hier eine Grotte mit speziellen Vögeln gibt, die nur im Dunkeln wohnen. Anfangs kam ich nur zu Fuß voran, später dann mit einem Moto.

Mototaxi

Vorbeifahrende Männer wollten mich unbedingt mitnehmen. Letztlich war ich froh darüber, denn die Strecke war weit und es ging fast nur bergauf.

Beim Eingang stellte ich fest, dass es ein Parque national war und auch hier Eintritt verlangt wurde. Zuerst ging es leichten Fußes durch Regenwaldgebiet und ich sah zum ersten Mal einen großen blauen Falter, der mir ein treuer Gefährte wurde.

Ich kam zu der Höhle, die ich anvisiert hatte, sie ist abgesichert begehbar. Überall flatterte und piepste es.

Da ich keine Taschenlampe dabeihatte, musste ich mich in der Dunkelheit zurechtfinden, was nach und nach sehr gut gelang. Ich sah bei nur schwachem Licht dennoch den Flug der Vögel, die etwas größer sind als Tauben. Federn lagen auf dem Boden und als ich sie aufhob, bemerkte ich tausende krabbelnde schwarze Käfer, die sich vom Kot der Vögel ernährten.

Cueva de las Lechuzas (Eulenhöhle)

Den Weg zurück habe ich dann sehr leicht zu Fuß bewältigt, nach dem ersten Anstieg ging es gut bergab. In meinen Regenponcho gehüllt, erschien ich einem kleinen Hund offenbar zu gefährlich, er sprang plötzlich aus seinem Garten und wollte mich ins Bein beißen, erwischte aber zu meinem Glück nur den unteren Teil des Ponchos!

In Tingo Maria bezog ich eine richtige Absteige, alles wirkte unrein, ich mutmaßte einiges an Ungeziefer. Nachdem ich aber wieder frei von jeglichen Bissen aufwachte, war ich in der nächsten Nacht gelassener.

Dafür aber waren jetzt die Zimmerbewohner links und rechts neben mir so laut, dass ich kein Auge zu machen konnte. Typisch für Peru, Lautstärke ist anscheinend ein vermeintliches Zeichen von Freiheit (?).

Zwischenstopp für eine Nacht in Aucayacu. Dort traf ich Wilson zum 2ten Mal. Wir waren beide bass erstaunt, denn die erste Begegnung war auf einem Markt in Cusco. Wilson ist ein junger Kolumbianer, der durch halb Südamerika gereist war, Feuerland, Chile, Argentinien, … und wir trafen uns zufällig 1300 km entfernt wieder, na wenn das nicht ein Bier wert ist! Wilson lebt vom Verkauf selbstgemachter Schmuckstücke und er hat seinen „Laden" immer dabei. Er rollt ein Tuch auf und gestaltet es dann, ansprechend mit seinem Schmuck.

Es wurde zu einer Gewohnheit, denn ohne uns jemals zu verabreden, trafen wir uns in Peru noch mehrmals.

Die nächste Station war Tocache. Ich war mit einem Taxi unterwegs. Wahrscheinlich ist mir das Handy während der Autofahrt aus der Hosentasche gerutscht. Mist! Zum Glück hatte ich noch ein zweites mitgenommen. Der Pensionsbesitzer meiner nächsten Herberge, versuchte mit mir zu einem Wasserfall zu fahren, aber das erwartete Taxi kam nicht. So beschäftigte ich mich mit meiner neuen Simkarte und dem erneuten Einrichten des Telefons.

In Juanjui traf ich Wilson wieder, mit einer (seiner) Freundin, inklusive Kind. Und einem, nein, zwei jungen Männern, einer sehr geschäftig und der andere trottete hinter ihm her. Einer ist aus Brasilien und heißt Paolo, sieht ein bisschen wie der Crabman aus der Serie „mein Name ist Earl" aus, drahtig mit Jimmy Hendrix Locken, schokobraun. Der andere, Jack, behauptete ein

Schamane des Dschungels zu sein. Ich habe gehört, dass es hier Petroglyphen gibt und Ruinen, die nur mit dem Boot erreichbar sind. Er meinte ich solle ihm vertrauen, er würde es organisieren. Morgens waren sie wie vereinbart da, aber der Weg vom Fluss hinauf war durch die Regenfälle verschüttet. Das brauchte ich ihm nicht glauben, ich wusste es seit gestern von einem Reisebüro. Aber zu den Petroglyphen könne er mich führen. Gut, gehen wir. Wir haben uns zwar dreimal verirrt, aber letztlich standen wir vor den erstaunlichen Felsritzungen.

Es war Zeit Kambo kennenzulernen, eine, nein die Froschmedizin. Der Wirkstoff wird aus dem Sekret eines grasgrünen Frosches gewonnen und durch Ritzungen am Oberarm, Bauch oder Oberschenkel unter die Haut gebracht. Nun fünf wären für mich starken Mann fürs erste genug. Wir tranken jeder drei, vier Liter Wasser und dann wurde geritzt. In die fünf eineinhalb Zentimeter langen Wunden kam dann das Serum. Paolo musste sich mehrmals übergeben, ich dagegen spürte Hitze in meinem Körper, keinen Brechreiz. Ich muss mehr Wasser trinken. Während es Paolo immer schlechter zu gehen schien, absorbierte mein Körper das Gift auf eine andere Weise, er verbrannte es. Der Dschungel vibrierte und jedes Wesen bekam eine intensivere Aura.

Beim Zurückgehen ernten wir baumfrisch Mangos, - äußerst delikat.

In Juanjui angekommen wollte er mich dann abzocken und bekam den Hals nicht voll. Ich gab ihm dann die Hälfte von dem, was das Reisebüro für die Bootsfahrt etc. verlangt hatte. Und dann überraschte er mich noch mit einem Geschenk: Er zog eine Halskette aus dem Beutel. Wochenlang habe er daran gearbeitet … Paolo, der ein bisschen hinter Jack saß, verzog sein Gesicht und rollte mit den Augen. Ja und er möchte mir den Poncho seiner Urgroßmutter verkaufen, er wäre noch immer tadellos, - Paolo rollte immer mehr mit seinen Augen. „Nein Danke, den Poncho kaufe ich nicht, aber die Kette kauf ich dir ab" … ich wollte nicht durch ein Geschenk verpflichtet sein. Er meinte, mich nach Nauta in den Dschungel zu führen, er kenne sich gut aus, - davon hielt ich rein gar nichts. Für meinen Geschmack nahm er viel zu viele Drogen. Er wollte partout nicht lockerlassen und nach ein paar Bieren vereinbarten wir, dass wir uns vielleicht am Hafen von Yurimaguas treffen.

In Bellavista traf ich am Plaza de Armas wieder auf Wilson. Der hatte sein Tuch mit seinen Schmuckstücken für den Verkauf ausgebreitet, mehrere junge Kolumbianer waren um ihn. Einer von ihnen wollte unbedingt wissen, was „I want to fuck you" auf Deutsch heißt. Ich erklärte ihm, dass dies kein guter Spruch zum Anmachen sei. Was sonst? Ich riet ihm, eher zu sagen „Ich bin verliebt in deine Augen!" Mit „Muchas Gracias" bedankte er sich freundlich und aufrichtig, ich antwortete ihm sprachkundig „De nada!" (bitte sehr!) ... Und dann stieg die Spannung: Ankunft in Tarapoto, dort wartete ich auf den Beginn von „Raices de la Tierra Peru Encuentro de sabios y abuelos", ein Treffen von Weisen aus Süd- und Mittelamerikas. Ich bezog Quartier in einem gemischten Schlafsaal im Alojamiento de Tambo Andina, einer sehr netten Pension. Da traf ich eine deutsche junge Frau und während des Gesprächs bemerkten wir, dass wir auf die gleiche Veranstaltung wollten. Im Laufe der nächsten Tage gesellten sich immer mehr Gleichgesinnte zu uns, sodass wir uns zwei Taxis bestellten und gemeinsam anreisten. Das Areal, in dem die Zusammenkunft stattfand, war ziemlich groß, genügend Platz zum Zelten, mehrere Toiletten, eine Küche, wo ich vier Tage lang nur vegetarisches Essen bekam (hat mir nicht geschadet) und ein großer Bereich für die Schwitzhütte und die Kiva. Als Kiva bezeichnen die Indigenen Völker einen Altarplatz, der kreisrund und zwei Meter tief ausgehoben ist. Der Durchmesser des Kreises betrug hier ungefähr acht Meter. An den vier Himmelsrichtungen war jeweils ein kleiner Altar aufgebaut und in der Mitte der runde, ein Meter hoher Sockel. Täglich konnte man an zwei Schwitzhütten und einer Kiva Zeremonie teilnehmen, wobei wir anfangs persönliche Gegenstände zum Segnen platzieren durften. Danach begann der Einmarsch der Abuelos („Älteste" indigener Stämme, die als Weise verehrt werden), die auch hier von so vielen Menschen erwartet und herbeigesehnt worden waren. Diese Prozession wurde von Gesängen begleitet und mit ihren Gebeten die heiligen Kräfte der Natur angerufen. Schamanismus ist keine Religion und folgt auch keiner. Schamanismus ist die älteste Kultur, die Mutter Erde – Pacha Mama, Vater

Sonne, alle Geschöpfe, die Tier/Pflanzenwelt und Himmelskräfte ehrt und es ist die älteste Heilmethode.

Viele indigene Zeremonienmeister waren angereist: Zwei typische Andenschamanen (Nachkommen der Inkas), eine Schamanin und ein Schamane aus dem Amazonas von Perus, auch ein peruanisch-tibetischer Mönch war gekommen, eine andere peruanische Schamanin und zwei weitere Heiler aus Peru, dazu ein mexikanischer Heiler und Heriberto Villasenor, der Leiter der Organisation.

Am letzten Tag konnten wir unsere gesegneten Gegenstände wieder aus der Kiva entfernen. Es waren vier wunderbare, friedvolle Tage, mit äußerst liebenswerten und liebevollen Menschen, danke dafür. Heriberto lud mich zu einer Visionssuche nach Mexiko ein, wenn ich es bis dorthin schaffe, gerne.

Weiter geht's in den Amazonas Richtung Yurimaguas, dazwischen Stopps, um unter Wasserfällen zu baden. In Yurimaguas selbst blieb ich einen Tag, - ich hatte Glück - nächsten Tag brach ein Frachter nach Iquitos auf. Mit dem Moto-Taxi am Morgen zum Hafen. Also, wenn du diese Reise machen möchtest, dann bitte ohne diese Fehler. Fehler Nummer eins: Steig in kein Moto vom Hafen Tor bis zum Schiff, du kannst zu Fuß gehen! Nummer zwei: Besorge dir vorher keine Hängematte, kein Trinkwasser und keine Kleinigkeit zum Kauen! Nummer drei: Lass den Motofahrer nicht an Board und ihn nicht mit dem Kapitän verhandeln! All diese Fehler haben mich umgerechnet um die 100 Euro gekostet, vor Ort ist das ein kleines Vermögen!

So viel bezahlte ich für nur eine Hin- und Rückfahrt zum und vom Hafen, eine überteuerte Hängematte, überteuertes Wasser, die Verhandlung mit dem Kapitän und die Hilfe beim Aufhängen der Matte. Schei...! Das reißt gleich ein Loch in die gut kalkulierte Reisekasse.

Klassische Schlafkojen auf einem Amazonasboot

An Board beobachtete ich das Verladen von Teakholz...
in Peru ist das Entfernen von ganzen Bäumen im
Amazonas verboten, nicht aber Schnittholz! So werden
die Bäume eben in sechs Meter lange Pfosten geschnitten
und transportiert. Wir waren circa 35 Personen, alles
andere war Fracht.

Ein deutsches Pärchen wartete schon seit vier Tagen auf
das Ablegen des Schiffes. Jetzt aber war es so weit, wir
schipperten auf dem Rio Huallaga mit Vollpension! Eine
gemütliche und gemächliche Fahrt, an den Ufern des
Urwaldes und vereinzelten Dörfern, die ausschließlich

über Wasser erreichbar sind. Dabei hast man Zeit sich auf die Dichte an Board einzustellen. Hängematte reiht sich an Hängematte, der Schlaf ist seicht, manch einer spielt mit dem Handy ein Kriegsspiel, Kinder lärmen, Mütter schimpfen ... volles Leben eben. Alles, was nicht mehr gebraucht wird, wird dem Fluss übergeben, leere Plastikflaschen, Becher, bis hin zu verbrauchten Windeln. Ein Aufmerksam machen meinerseits hatte nur Achselzucken zur Folge. Ah ja, die Vollpension, - zum Frühstück gab es süße Milchsuppe mit Mais. Zum Mittagessen Hühnchen mit Reis, zum Abendessen Hühnersuppe... vier Tage das gleiche.

Die Weiten, des Amazonas

Gott sei Dank gab es bei mancher Anlegestelle Händler mit Bananen oder Mangos. Einige Einheimische nutzten die Gelegenheit, um während der Pause mit gutem Erfolg zu fischen. Die wunderbaren Eindrücke vom Fluss, das langsame Vorbeischippern machte mich friedlich. Nach der Einmündung in den Rio Marañón, sah ich zum ersten Mal rosa Flussdelfine, die in kleinen Gruppen auf und abtauchten. An Bord war die Begeisterung über das Erscheinen sehr groß. Leider sind sie fotoscheu.

In Iquitos angekommen, wusste ich, dass ich da nicht lange bleiben werden. Eine Großstadt mitten in der Natur und alles verdreckt, die meisten Touristen reden nur über Ayahuasca und Kambo Medizin und es gibt wenig Unterschied zu Drogenorten wie Amsterdam. Sie suchen alle nach Glück und Seligkeit und nennen es spirituelle Suche.

Ich war knappe 2 Stunden in Iquitos und wurde zu 5 Zeremonien eingeladen, die ich dankend ablehnte.

Größte Stadt im Peru Amazonas – Iquitos

Geier auf einem Marktplatz in Iquitos

Ich war aus einem bestimmten Grund hier. Ich kam auf Einladung von Antonio, der ein Zentrum für Heilung in der Nähe von Nauta hat. Er meinte damals, wenn ich komme, dann lehrt er mir mein eigenes Lied. Ich traf ihn zwei Mal in Österreich, wo ich ihn bereits ins Herz geschlossen hatte. Leider hatte er bei meinem Besuch nur wenig Zeit. Es war nur mehr ein Patient im Zentrum, dessen Abreise für nächsten Tag geplant war und eine angemeldete Gruppe aus Tschechien hatte abgesagt. So sah er sich gezwungen nach Lima zu fliegen, um neue Patienten zu akquirieren. Ich konnte zwei Tage dortbleiben, bis Antonio abreiste. Dabei hätte ich mich dort wohl gefühlt. Leider stieg er auf mein Angebot, dass ich dort für Ordnung sorge und seine Hunde betreue, nicht ein. Etwas enttäuscht, dafür klarer, bin ich nach Nauta weitergereist, um dort einen dreitägigen Trip in den Dschungel zu buchen. Ich traf auf einen Fischer, der mir eine Tour zu eine vernünftigen Preis anbot, allein für mich.

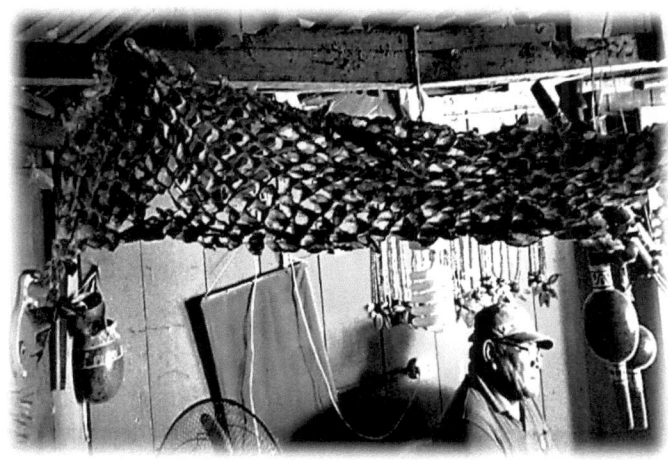

Lorenzo - Mein Begleiter in den Dschungel

Nächsten Morgen stellte sich jedoch heraus, dass noch eine junge Peruanerin aus Lima mitfährt. Studentin, na ja, was solls. Mit dem Einbaum hinein in den grünen Himmel, zwischen Papageien, Kolibris, Brüllaffen und Riesenbäumen, duftenden Blüten und handtellergroßen Käfern.

Baden im Seitenarm des Amazonas, auf du und du mit den Piranhas, fingen wir auch noch die eigentümlichsten Fische, aßen weiße Maden bei lebendigem Leib. Abends schliefen wir in einer alten Lodge. Beim Abendessen erschien die Studentin mit dem kleinen Schwarzen und mit High Heels an den Füßen. Ein etwas befremdlicher

Anblick, bei dem ich mich zu einem Schmunzeln hinreißen ließ.

Die Nacht war erfüllt mit Klängen von Tieren, vorweg das Brüllen der Affen. Das Mädchen wurde morgens in Stiefel gesteckt und wir wanderten im morastigen Boden zu Riesenbäumen. Ihr Handy war ständig im Musikwiedergabe-Modus, – dass nervte ziemlich. Ich fragte sie, ob sie das höre … „Was?" fragte sie überrascht. „Na die Musik der Natur, natürlich!" - und bat sie, es das störende Gerät auszuschalten. Ah, diese Ruhe!

Einer dieser Urwaldriesen bot sich zum Klettern an. Hinauf war es noch leicht, beim Hinunterklettern brach ein Ast und Lorenzo fing mich auf. Während ich klettern lernte, lernte das Mädel mit dem Kopfhörer umzugehen. Nachdem ich unbedingt Flüge vermeiden wollte, bin ich mit einem Schnellboot nach Yurimaguas zurück, mucho rapido. Beim Warten auf die Abfahrt schlenderte ich noch durch den Ort und da fiel mir ein Teich auf, in dem sich Riesenfische tummelten. Sie waren ca. drei bis vier Meter lang und daneben schwammen große Schildkröten und kleinere Alligatoren.

An einem Pavillon am Rande des Teiches begegnete ich Jorge und Tina. Während des Tages wurden die Gespräche intensiver und Jorge erzählte mir seine Geschichte. Er sei von seiner Frau mit vier Kindern, das kleinere war vier Monate alt, sitzen gelassen worden und seine Schwester übernahm die Mutterrolle.

Sie machen Körbe aus Gras und ich wusste einigermaßen viel darüber, da meine Frau auch Korbwicklerin ist und das verband. Beim Abschied ist er mir noch nachgelaufen und hat mir ein Armband geschenkt.

Von da ging es zurück nach Tarapoto und ich erlebte ein letztes Mal eine Andenüberquerung. Mit dem Bus kam ich bis nach Chiclayo, bezog dort ein Hostal, in dessen Zimmer ich immer eingesperrt wurde, da die Gegend so gefährlich war. Nix für Weicheier.

Weiter an die Pazifische Küste bis nach Pimentel, einem kleinen Küstenort. Lange Spaziergänge am Strand, eine sehr nette Unterkunft mit zuvorkommenden Menschen und dem Hostalbesitzer, der mich nicht abreisen lassen wollte. Nach dem Motto: Zahl drei, bleib vier, wollte er mich überreden,... war mir aber dennoch zu teuer. „Okay," meinte er, „dann zahl zwei, bleib vier!" Nun, da konnte ich nicht mehr widerstehen. Er meint, ich hätte eine Botschaft für ihn und er würde mich nicht fahren lassen, ohne diese erhalten zu haben. Drei Tage hörte ich in mich hinein,... doch ich vernahm nichts Sinnvolles.

Dafür gab`s gutes Essen, ein schönes Zimmer, lange Spaziergänge und nette Gespräche in „Spanglisch".

Daniel erkundigte sich über mein Einkommen und zeigt sich erstaunt über die Höhe meiner Pension. Seine Mutter bekommt umgerechnet 250.- Euro. Als ich ihm sagte, dass ich 40 Jahre lang, fünf Tage die Woche 8 acht Stunden lang, also insgesamt ca. 70.000 Stunden gearbeitet habe, griff er sich an den Kopf und meinte, wann ich denn gelebt hätte?!?! Nun ja, 63 Jahre, 551.880 Stunden lang.

Zwischendurch fuhr ich mit Bussen nach Lambayeque ins Museum Thumbas Reales de Sipan.

„Der Herrscher von Sipán war ein ehemaliger Mochica-Herrscher des dritten Jahrhunderts, eine Kultur, die den Norden des antiken Perus beherrschte . Seine sterblichen Überreste wurden im Juli 1987 entdeckt. Diese Entdeckung markierte einen wichtigen Meilenstein in der Archäologie des amerikanischen Kontinents, da sie zum ersten Mal als intakt und ohne Spuren von Plünderungen gefunden wurde, ein echtes Begräbnis einer peruanischen Zivilisation vor den Inkas. Der hölzerne Sarg, in dem er beigesetzt wurde, war der erste seiner Art, der in Amerika gefunden wurde und die Pracht des Herrschers und Kriegers des alten Perus zeigte. Rund 600 Gegenstände wurden im Grab des Herrn von Sipán geborgen. Die Kleidung ist ca. 1,67 m groß. Die drei Paar goldener und türkiser Kapselgehörschützer oder die Halskette aus zwanzig Erdnussfrüchten, von denen zehn aus Silber und zehn aus Gold bestehen, sind ein Hinweis auf die Dualität der Weltanschauung. Es ist ein religiöses Symbol der Hauptgötter, der Sonne und des Mondes, und bezieht sich auf die Visualisierung beider Götter am Himmel zu einer Tageszeit. Das heißt, das perfekte Gleichgewicht, das nach der Mochica-Mythologie erwünscht ist. Außerdem bedeuteten Erdnüsse den Beginn oder die Wiedergeburt. Zusammen mit denen des Herrn von Sipán wurden Überreste von acht weiteren Personen gefunden, drei Frauen, vier Männer und ein Kind. Es wird vermutet, dass Frauen Konkubinen gewesen sein könnten, während Männer als Militärchef, Ausguck und Soldat gedeutet wurden, letzterer mit amputierten Füßen. Außerdem wurden Überreste von zwei Lamas und einem Hund gefunden." (Zitat Wikipedia)

Nach dem Museumsbesuch fuhr ich zu den Pyramiden von Tucume, die trotz ihrer Verwitterung noch immer imposant sind.

Am Tage der Abreise war Daniel nicht da, so schrieb ich ihm eine Botschaft auf einen Zettel: **„Streb nicht nach mehr, nicht nach Reichtum im Außen, sondern nach Einfachheit und Zufriedenheit. Du hast ein goldenes Herz."** und fuhr ab nach Ecuador.

Nach fast genau drei Monaten nehme ich jetzt Abschied von Peru. Einem sehr beeindruckenden Land. Ich war immer noch ergriffen von den tiefen Schluchten in den Anden, vom Flug des Kondors, von den Weiten und der Höhe des Titicacasees und seiner Umgebung. Von den prähistorischen Linien und Tempeln von Nasca, der Sonneninsel und von Machu Picchu, dem Sacred Valley, von den Kultstätten der Inkas und deren Vorfahren. Von den gewundenen Straßen bei den Andenüberquerungen, der höchsten Stadt der Welt, Passo de Cerro, mit den Wunden, die wir der Mutter Erde zugefügt haben. Von den ständigen Begleitern, den Plastiksackerln. Abschied von jenen, die in mir Jesus Christus gesehen haben und von denen, die sich bekreuzigt haben, als wäre ich der Antichrist. Manchmal fühlte ich mich geehrt, meist verkannt. Von Kindern, die mich Papa Noel genannt haben, an meinem Bart zogen, um seine Echtheit zu überprüfen. Von den Heilern und Traditionellen, die bei jedem Glas zuerst einen Tropfen auf die Erde für Pacha Mama zurücklassen.

Abschied von den peruanischen Freunden, Ricardos Familie, Daniel den ich in dieser letzten Woche getroffen habe und der von mir eine Message erwartet und bekommen hat. Den Reisebegleitern die mir immer wieder mal begegnet sind. Wilson, den Hermanas und Hermanos der Raices del a Tierra. Den Umarmungen und Zusprüchen, den Glückwünschen, der Herzlichkeit dieser Menschen. Abschied von den Früchten pur oder in sämigen Säften, den Düften der Märkte und dem Geruch (wertneutral) nach Hendl, Fisch und Fleisch.

Und jetzt blicke ich gespannt nach Ecuador und bin neugierig was mich dort erwartet.

12.12.18 00:44 Übertritt in eine andere Welt.

Ecuador

Von Loja nach Vilcabambo in das Tal der Hundertjährigen; Cuenca, die Stolze - mit Café Vienna und Mozart; Ingapirca und seine mächtige Tempelanlage, Baños und seine Wasserfälle (der Nabel des Teufels), Quito, Midat del Mundo und Ruinas de Rumicucho, Quilatoa, der Vulkansee und dann auf nach Puerto López, Ruinas de Catequilla, Otavalo von da zum Arbol Millenario El Lechero und Cascada Peguche und zuletzt Lago San Pablo

Mir fehlt was. Seit der Grenze fehlt mir die Plastik Verschmutzung. Es ist so sauber! Die Musik anders, zarter, ruhiger, sowie auch das Land sanfter und zarter ist. Die Menschen hier sind unaufdringlich hilfsbereit und interessiert. **Vilcabambo** klein und lieblich, der Ort liegt im Tal der Hundertjährigen, mit vielen Möglichkeiten zu wandern. Es sind sehr viele US-Amerikaner da. Alle möchten gesund 100 Jahre alt werden. Es ist auch ein sehr schöner Ort dafür. Eine prächtige Pflanzen,- und Vogelwelt, viel Wassserrauschen und eine ionisierte Luft, tragen mit Sicherheit dazu bei.

Weiter nach **Cuenca.** Eine stolze, spanische Stadt mit viel europäischem Flair.

Besonders vertraut waren mir die Cafés Vienna, Austria und Mozart mit Apfelstrudel und Sachertorte. Sie ist bekannt für Kunsthandwerk, wie die Panamahüte sowie für den Fluss Río Tomebamba. Der Parque Calderón bildet den zentralen Platz der Stadt.

Er beherbergt die neue Kathedrale von Salamanca mit blauer Kuppel und die alte Kathedrale von Salamanca aus dem 16. Jahrhundert, die jetzt als Religionsmuseum dient.

Dann auf nach **Ingapirca**. Ein wunderbarer Ort wo Sonne und Mondin verehrt wurden. Eine Ruine der Inkas. Allerdings war sie schon vor der Unterwerfung ein Heiligtum der Kañari, einer kleinen Volksgruppe, die besonders die Mondin verehrte. Die Inkas ließen ihre Tempeln unversehrt und setzten ihren Sonnentempel dazu.

Die Anlage schwingt noch immer kräftig. Dann erinnere ich mich an die alte Frau, die mir Relikte verkaufen wollte, die mir sehr echt wirkten. Sie sagte, sie habe sie auf ihrem Grund gefunden. Es waren verführerische Stücke dabei.

Kanari (eigene Volksgruppe) und Inka Tempel

Danke, an die Vermieterin in **Baños**, an die heißen Quellen und die beeindruckenden Wasserfälle und an die drei Mädels aus Peru, die mir Mut machten, spanisch zu sprechen.

Außergewöhnlich der „Nabel des Teufels" ein mächtiger Wasserfall, der nicht umsonst diesen Namen trägt.

Die Entdeckung einer Armur Natter auf dem Parkplatz der heißen Quellen erfreute mein Herz, - aber der Dialog mit dem Parkplatzwärter ermahnte mich zur Vorsicht: „Ist sie giftig?" „ Nein!" „Dann kann ich sie angreifen?" „Bloß nicht, sie beißt!"

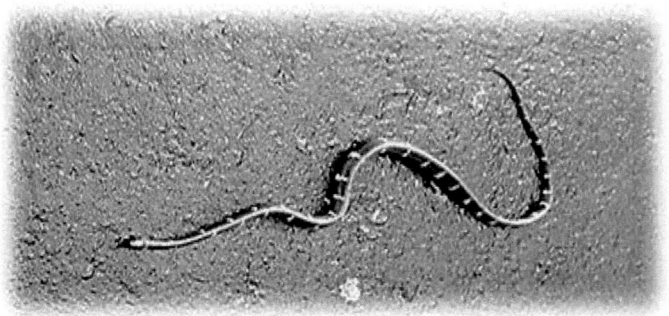

Amurnatter

Quito, die Hauptstadt von Ecuador

Sie liegt 20 Kilometer südlich des Äquators in einem 2850 m hohen Becken der Anden und ist die höchstgelegene Hauptstadt der Welt. Sie ist mit rund 2,7 Millionen Einwohnern auch die Einwohnerstärkste. Beeindruckend sind die vielen Gebäuden aus der Kolonialzeit.

Hierhin kam ich eigentlich nur wegen Don Valentino, einem österreichischen Psychiater, der sich der Pflanzenmedizin verschrieben hat und der mich dann auch zu einem Ritual einlud. Er lebt 20 Kilometer entfernt in Tumbaco. Vorheriges Abtasten meines Glaubenssystems. Und dann kamen die Anderen. Ein weißer Südafrikaner, der Burisch mit Englisch oft mischt. Es klang zart. Dann eine bulgarische Spanierin, die mir zeigte, wie einfach es ist die Aufmerksamkeit des Ritualleiters zu bekommen. Dann war da noch ein Pärchen aus Australien, das sehr wohl das Spiel der Spanierin mitbekam. Danke an Don Valentino, der mir zeigte, wie ich funktioniere. Dank Don Pedro, (Kaktus Medizin - schmeckt schrecklich, schrecklicher als Ayahuvasca) wurde mir vieles über mich selbst klar. Wie ich selbst manchen Verführungen unterlag und ich der Meinung war, dass es der richtige Weg ist, jemanden seine Bedürfnisse zu erfüllen, seinen Mangel zu stillen. Danke an die Lianen Medizin, die sehr sanft und zart war, für ihre Reinigung und für die andere Wirklichkeit, die immer da ist. Langsam wirkte Ayahuvasca halluzinogen. Die Gräser bekamen nach und nach geometrische Formen und die Blumen erblühten in den schönsten Kristallmustern. Der Sternenhimmel blinkte unglaublich und zwei, drei Sternschnuppen erleuchteten das Firmament. Nach einer durchwachten Nacht bin ich nach Quito zurück. Ich merkte spät, dass ich die energetischen Schwingungen vermehrt spürte und auch mehr Bedürfnis nach Ruhe hatte. Also gönnte ich mir über Weihnachten Ruhe. Ich habe mir Spagetti a la Thun gekocht. Erstaunt war ich durchwegs von den Kostümierungen während der Christmette. Da waren Engeln und Hirten, Marien und Josefs und Jesusse anwesend. Und der Weihnachtsmann fährt Motorrad.

Ausgehend von Quito, fuhr ich zum Midat del Mundo (der Äquator in Ecuador) und einen Ausflug zu den Ruinas de Rumicucho. Großartige Vibrationen und mehrere Ritualplätze.

Bei der Rückfahrt bin ich im Bus eingeschlafen und schon war meine Brieftasche gestohlen! 25.-$ und die Master Card waren weg. Und danke an die Verführung im Gewand einer hochhackigen blonden Prostituierten, die mich mit „Hallo Mister!" und einem koketten Zwinkern öfters in Versuchung führen wollte, mit der ich ein paar Worte wechselte. Es war mir ein Leichtes, zu widerstehen.

Gesundheitlich bin ich nicht ganz okay. Ich deute den Husten mit gelbem Auswurf mit ziemlicher Sicherheit als inneren Reinigungsvorgang.

Morgen fahre ich zu Quilatoa, einem Vulcansee, - hoffentlich schaffe ich das! Möge das Wetter gnädig sein.

Das Wetter war gnädig. Ein wunderbarer Ausblick! Fast kreisrund lag er in einem satten Blau zu meinen Füssen.

Der Abstieg war leicht, der Aufstieg schwieriger, aber schaffbar.

Eine erträgliche Menge von Touristen war da, viele von ihnen zu dick und zu behäbig, um es zu Fuß zu schaffen. Dafür gab es Einheimische, die mit ihren eher dünnen, klapprigen Mulis, die Besucher hinunter und hinauf brachten. Mir taten die Mulis leid, die ihr Mühsal mit ein paar Hieben „belohnt" wurden. Am See roch ich einen leichten Geruch nach Schwefel. Baden verboten!

Es war eine schnelle Fahrt von Zumbahua nach Jipijapa, dort musste ich drei Mal im Eiltempo umsteigen. Jipijapa war enttäuschend, deshalb ging es nächsten Tag gleich weiter nach Puerto López. Das Hostal war hier einzigartig, da konnte und wollte ich es gerne ein paar Tage aushalten. Der Preis war verhandelbar: von 10.- auf

7,50 (zahle drei, schlafe vier Nächte). Aber es gab ein Manko: „Morgen gibt's kein Wasser! Silvester! Dafür ein buntes Treiben, mit viel Musik, Tanz und Alkohol. Ein Feuerwerk und ausgelassene Stimmung. Morgen, am 1.1.2019 arbeitet niemand, da sind alle mit Kopfweh beschäftigt. Es gibt hier einen eigentümlichen Brauch: Es werden extra Puppen hergestellt, meist aus Plastik. Nachbildungen aus Actionfilmen, wie z.B. Batman oder Superman, Spiderman und Biene Maja. Sie sind mit Papierstücke mit ihren Wünschen für das neue Jahr und Minikracher gefüllt. Erst nach Jahreswechsel, also nach Mitternacht werden diese dann um 2 Uhr früh verbrannt. Nochmal, wie beim Jahreswechsel mit Pauken und Trompeten.

Ich habe danach zwei Nächte am Strand geschlafen, der Sonnenuntergang war herrlich und zunächst alles super, … bis ich so gegen drei Uhr aufwachte, da es zu regnen schien. Nicht von oben, da hatte ich ja eine Plane gespannt, nein, es regnete quasi seitlich vom Meer auf mich und meine Habe ;-). Das war nicht wirklich schlimm, es wurde alles wieder trocken. Tags darauf war ich schlauer und legte meine Regenhaut darüber, um mich auch vor dem waagrechten Nass zu schützen.

Ich beobachtete, wie Pelikane und Fregattenvögel, das sind jene mit dem aufblasbaren roten Kehlsack, mit den Fischern des Ortes zusammenarbeiteten und beim Fischfang kräftig zulangten.

Dann, eine denkwürdige Begegnung mit der Vermieterin des Zimmers und Besitzerin eines Cafés. Sie kam mich abends besuchen und brachte mir Waffeln, setzte sich ans Bett und begann meine Füße zu streicheln und meinte: „Tu quieres?" („Willst du?") Worauf ich ihr sehr klar zu verstehen gab: „No, no me gusto!" Sie reagierte nur widerwillig, stand dann doch auf, setzte auch zum Gehen an, drehte sich aber unerwartet geschickt um und versucht mich zu küssen. „No, no me gusto!"… erst als ich lautstark protestierte, ließ sie von mir ab. Sie war gekränkt, denn nächsten Tag bekam ich das Zimmer nicht mehr.

Nächsten Tag fuhr ich nach Quito zurück. In der Nacht wurde der Bus von der Polizei angehalten. Alle Personen mussten aussteigen und wie Verbrecher nach Waffen durchsucht, - die Hände mussten wir flach auf den Bus legen, die Füße gegrätscht halten… Ich muss zugeben, es war kein erbauendes Gefühl, durchaus bedrohlich. Noch nie hatte ich so viele Waffen auf mich gerichtet gesehen. Trotz dieser Bedrohung hatte ich keine Angst. Es wurden keine Waffen (oder hatten sie nach Personen gesucht?), gefunden.

Ich bin wieder im selben Hostal gelandet, wie beim ersten Besuch.

Ich wusste, ich muss zu den Ruinas de Catequilla. Zunächst eine Stunde mit dem Bus und dann ein ziemlicher Marsch den Berg hinauf und in dieser Hitze. Da wäre ein Taxi schon wesentlich angenehmer, der Fahrer wollte aber ganze 10.- US Dollar. Das lehnte ich ab. 5.-$ wären okay. Ein anderer Taxler hielt und verlangte nur fünf. Sehr gut, er brachte mich fast bis rauf. Nur die letzte halbe Stunde musste ich zu Fuß bewältigen. Wow! Dort oben angekommen, fand ich einen Medizinradplatz vor! Kreisrund mit eisenhaltigen Steinen ausgelegt und Markierungen in den vier Hauptrichtungen. Ich hatte schon davor beschlossen, ein Ritual für mich zu machen, - dieser Platz war wunderbar geeignet … nur waren da ständig Menschen mit Reiseleitern, die den Platz erklärten. Ich hatte meine

Opfergaben schon platziert, da kam wieder ein Schwung Touristen. Ich wartete... bis es mir dann egal wurde.

Ich wollte nicht länger warten. Ich begann trotz der vielen Leute um mich herum, zündete das Feuer an und begann, zunächst leise, dann immer lauter werdend, mit geschlossenen Augen zu rasseln und zu singen. Als ich im Westen die Augen aufschlug, merkte ich, dass die Menschen um den Platz herum einen Kreis gebildet hatten und sich an den Händen hielten. Nachdem ich fertig war, lud ich sie ein, mit mir zu chanten. Die Führerin war überglücklich, erklärte ihnen das Ritual und stimmte ein Lied an.

Schlussendlich umarmten wir uns. Tja, und einen vermeintlich "bösen" Zehnjährigen musste, bzw. durfte ich noch segnen. Als Dankeschön konnte ich mit ihnen hinunterfahren. Ein wunderbarer Tag!

Der nächste Tag bedeutete den Aufbruch von Quito. Bei der Bushaltestelle merkte ich einen Rempler. Während ich unbekümmert auf meinen Bus wartete, stieg derjenige, der mich angestoßen hatte, in seinen Bus, … mit meinem Handy! Shit! Musste das jetzt sein! Das bedeutet wieder so viele Umstände: Neues Handy besorgen. Zum Glück gibt es hier überall Handyläden, alles einrichten, Altes sperren … Gschisti Gschasti, nichts als Ärger, der mein Reisebudget auch noch ungeplante 150.- $ schmälerte. Ich habe noch eine Nacht im Hostal verlängert und bin einen Tag später gefahren.

Otavalo, eine kleine Stadt mit viel Natur ringsum. Eine Gruppe von drei Vulkanen mit ihren Seen, Wasserfälle und einem tausendjährigen Baum, sind die Höhepunkte dieser Region.

Die Otavalos sind international bekannt durch ihre Webwaren, Textilien und anderes Kunsthandwerk. Deren Herstellung und weltweiter Handel verhalf vielen Otavalos zu Wohlstand, und sie gelten heute als die wohlhabendste Ureinwohner-Ethnie in Lateinamerika. Der Kunsthandwerksmarkt von Otavalo, der jeden Samstag stattfindet, ist der Bedeutendste.

Ethnisch glauben viele, dass sie von Noah abstammen.

Cascada Peguche

Am Marktplatz traf ich ein nettes, junges kolumbianisches Pärchen, Jenny und Ricardo.

Jenny ist Professorin für Mathematik in Medellín und Ricardo studiert Mathematik in Bogota und ist ein Batman-Fan.

Ich unternahm mit ihnen einige Ausflüge, wie z.B. nach Arbol Millenario El Lechero, ein heiliger Baum der Kichwas.

Heute finden dort noch Rituale zu Ehren des Baumes statt. Ich selbst ging mit Tabak als Geschenk zum Baum, verstreute ihn ringsum und näherte mich langsam und bewusst diesen alten Wesen. Lange umarmte ich ihn und küsste ihn zum Abschied. Parque de Condor (wovon wir allerdings ziemlich enttäuscht waren, denn wir bekamen lediglich zwei Exemplare dieser speziellen Anden-Art zu sehen). Zum Trost war ein großes Medizinrad gebaut, die Cascada Peguche, ein wunderbarer Wasserfall, der von einem Vulcansee gespeist. Den, am Vulkan Imbabura gelegene Laguna de Mojanda_in den Bergen, erreichte ich mit einem Kanadier, mit dem ich das Taxi teilte.

Ich entdecke am hinteren See eine große Stein-Spirale, die ich begehen durfte. Einheimische beobachteten mich und kamen, nachdem ich weg war, um nachzusehen. Ich betrachtete ihr Tun von einem, mit hohen Gras bewachsenen Hügel aus.

Jenny und Ricardo gaben mir noch eine Menge Tipps für Kolumbien und luden mich zu sich nach Hause ein.

So!

Heute heißt es, nach einem Monat mit vielen wunderbaren Eindrücken, Abschied nehmen von Ecuador ein großartiges Land mit großartigen Leuten… und auf nach Kolumbien!

Kolumbien

Von Ipiales nach Las Lajas über Pasto nach Popayan von da nach San Agustin, dem energetischen Nabel der Welt.

Über Pitalito und La Plata nach Tierradentro, San Andres weiter nach Neiva, Villavieja in die Wüste Tatacoa nach Salento, Riosucio und Jadin

Ankunft in Medellín – Ausflüge nach Parque de Piedras Blankas, Guatabè, Santa Fe de Antioquia….

Nach Quibdo und retour nach Medellín.

Bogota Museo de Oro… und Monserrate dann weiter nach San Gil.

Santa Marta, Playa Taganga mit dem Bus nach Tayrona Park Eingang den Weg entlang bis Boca de Saco.

Nach Cartagena von dort Flug nach San Andres Südseeflair genießen.

Retourflug nach Bogota.

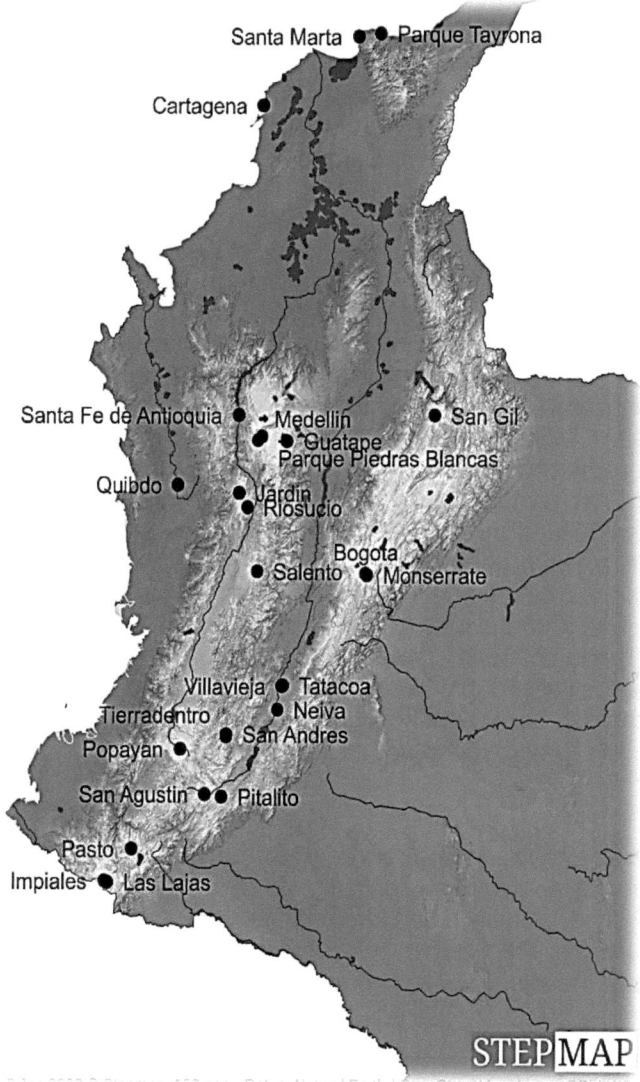

Santa Marta ● ● Parque Tayrona

Cartagena ●

Santa Fe de Antioquia ● ● Medellín ● San Gil
● Guatape
Parque Piedras Blancas
Quibdo ● ● Jardin
● Riosucio
Bogota
● Salento ● Monserrate

Villavieja ● ● Tatacoa
Tierradentro ● Neiva
● San Andres
Popayan ●
San Agustin ● ● Pitalito
Pasto ●
Impiales ● ● Las Lajas

STEP**MAP**

Mein erster Eindruck an der Grenze, wo sich ähnlich wie bei uns in Europa ein Flüchtlingsdrama abspielt, war erschreckend. Sehr erstaunt über die leeren Augen und über ihre Hoffnungslosigkeit, füllte sich zunächst meine Brust und dann meine Augen mit Tränen. Auf beiden Seiten des Grenzzauns befanden sich Zelte von UNICEF und dem Roten Kreuz. Ich sah dort viele verzweifelte Venezolaner, die aus ihrer Heimat flüchten mussten, ohne Aussicht je wieder zurückzukehren und ohne jegliche Hoffnung, jemals eine Zukunft in ihrem einstigen Zuhause erwarten zu können. Zum Teil waren die Menschen politisch Verfolgte, zum Teil flüchteten sie aus Hunger, weil sie in ihrer Heimat keine Lebensgrundlage mehr hatten. Ihre politischen Lebensumstände hatten sich während der letzten Jahren dramatisch verschlechtert. Die Inflation in Venezuela stieg auf 80.000%. Ein Liter Wasser kostete mehr als eine Tankfüllung mit Benzin eines Lastwagens. 2018 war die Grundversorgung mit Lebensmittel zusammengebrochen und es gab keine medizinische Versorgung mehr. Es herrschten chaotische Zustände! Auch für mich war die Situation äußerst unangenehm, - ich wurde ausgepfiffen, weil ich als Tourist bevorzugt behandelt wurde. Da fühlte ich mich, zwar unschuldig, aber doch irgendwie schäbig ... bei all dem Elend um mich herum.

Ipiales ist die erste Stadt, die ich in Kolumbien erreiche. Sie zeigt sich mir ähnlich, wie die Zustände an der Grenze, chaotisch und kaum strukturiert. Dagegen in Las Lajas, ist alles sauber, rollstuhlgerecht. Ein Wallfahrtsort, liegt in einer wunderschönen Schlucht.

Die Kirche selbst, ein Vorbild für Filme wie Herr der Ringe. Außen bemerkenswert, innen ein Theater aus LED-Lichterspielen.

Weiter ging es ca. 250 km nördlich nach Popajan. Im Bus traf ich eine ausgewanderte venezolanische Frau, sie war auf der Rückfahrt, da ihr Mann in Venezuela verstorben war… nun sehr ängstlich was die Zukunft bringen wird und tieftraurig über den Tod des Mannes, ohne Abschied nehmen zu können. Ich war sprachlos, betroffen und ein Gefühl von Hilflosigkeit machte sich breit. Ich habe beschlossen ihr einfach zuzuhören. Sie nahm meine Hand und ich drückte sie als Zeichen für mein Mitgefühl. Sie legte ihren Kopf an meine Schulter und ich ließ es gewähren. Einfach dazu sein, ist oft hilfreich. Die Altstadt von Popajan ist sehr schön erhalten, im spanisch-kolonialistischen Stil. Hier hatte ich eine Begegnung mit einem kolumbianischen Juden, dessen Herz in Israel wohnt und der sich entwurzelt fühlt. Ich versuche ihm zu sagen, dass unser aller Wurzeln in dieser einen Mutter Erde sind. „Todos somos una familia!" Wir sind alle eine

Familie! Meine Worte der Wahrheit und des Trostes ... ob sie in seinem Herzen angekommen sind?

... und dann... auf der Straße von Popajan nach San Agustin, mitten im Nationalpark passierte ein Unfall mit einem riesigen Lastwagen.

Ein Teil ist in die Böschung gestürzt, die Zugmaschine blockierte die Straße. Außer, dass der Fahrer vor Schreck in die Hose machte, ist ihm sonst weiter nichts passiert. Der Stau, aber war ewig! Doch mit vereinten Kräften (die meisten schauten nur zu und kommentierten, so auch ich ...) gelang es, den vorderen Teil des Lasters vom Anhänger mit der Ladung zu entkoppeln und die Zugmaschine auf die Räder zu bringen. Apropos, - es war keine Straße, es war eher eine schlammverschmierte Piste, auf der wir, nach vier Stunden Aufenthalt, hinunter rasten. Kompliment an den Fahrer und an die Nerven der Mitfahrer.

San Agustin wird als energetischer Nabel der Welt beschrieben. Ist auch eine großartige Landschaft mit den unterschiedlichsten Pflanzen. Ein Ritt mit dem Sohn meines Vermieters durch die imposante Landschaft mit ihren verstreuten Skulpturen war wunderschön. Stromschnellen mit den ausgewaschenen, skurrilsten Formen, waren der Lohn einer kurzen zweistündigen Wanderung.

Ausgewaschenes Flussbett in San Agustin

Leider war danach das Wetter schlecht, es regnete oft. Am Vortag der geplanten Abreise machte ich mich dennoch auf, um noch zu einem besonderen Wasserfall zu gelangen. Leider kehrte ich trotz Regenschutz pitschepatschenass zurück, ohne ihn gefunden zu haben.

Tags darauf erreichte ich **Tierradentro**, ein schwer zugängliches Areal. Ein spannender Name: „Tierra" steht für Erde und „dentro" bedeutet „drinnen". Also geht es hier um das Innere der Erde. Es ist eine der wichtigsten archäologischen Fundstätten Kolumbiens. Seit 1995 steht der Park auf der UNESCO -Liste des Welterbes der

Menschheit. Hier gibt es eine kleine Population von Nasa Ureinwohnern.

Die Reise dorthin verlief wie meistens: Aus dem Hostal heraus, ein „carro puplico" (diese gehören zum öffentlichen Nahverkehr, sind quasi Taxis mit festgelegter Route), bleibt stehen, ich frage den Fahrer: „De Tierradentro? " Seine Antwort: „A Centro de Agustin!" Ich steige dennoch ein und er bringt mich zu einem anderen carro puplico in Agustin. Ehe ich mich versehe, ist mein schwerer Rucksack in das andere Auto umgepackt. Zuerst de (nach) Pialito, und despues (später nach) La Plata y Tierradentro. Aja, Gracias. Eingestiegen.

Felswand, kolumbianische Mondgöttin Chia

In Pialito angekommen, wartete schon ein Mann an der Busstation. Donde va (wohin geht's)? De la Plata. Er deutete mir, ich soll mitkommen. Da steht ein Taxi mit zwei weiteren Personen. Wir warten kurz, bis wir voll sind. Eine Stunde später erfolgte wieder ein Umstieg in einem anderen Ort. Das gleiche Prozedere in La Plata.

Wieder, wohin willst du? Tierradentro. No posible, posible San Andrés de Pisimbalá. Si, no problem. Ich lese die Schilder, ich bin am richtigen Weg. Das Auto fährt an dem Park vorbei. Ich klopfe auf das Dach (wir sitzen auf der Ladefläche), er bleibt vor einem Hospitaje stehen. Ich steige aus. ¿Tienen una habitación libre? Si! Einfach oder. Und meist geht es mir so....hab ganz vergessen Geld abzuheben! Bei der Reisegeschwindigkeit! No Problem. Ich habe noch den Eintritt für den Park und Essensgeld.

Die Gegend raubt mir den Atem, nicht nur weil es so steil bergauf geht, sondern wegen ihrer Schönheit und ihrer Kraft. Die Grabstätten und Ritualplätze sind in die Erde versenkt. In den Seitennischen der Grabkammern wurden bis zu 100 Urnen gefunden. Die Wände der am besten erhaltenen Kammern sind mit geometrischen Mustern in Weiß, Schwarz und Rot bemalt. Weiß für den Himmel, Schwarz für die Erde und Rot für den Menschen.

Einer der vielen Eingänge zur Grabstätte

Ob es dort noch Schamanen gibt? No lo sabe. (ich weiß es nicht) Am Abend im Zimmer wurde ich unruhig, ich spürte, dass dieser Tag noch nicht zu Ende war. Ich ging noch ein bisschen raus, wollte mir trotz oder wegen des zurückliegenden, anstrengenden Tages noch ein bisschen die Füße vertreten. Ich schlenderte durch die Siedlung. Beim letzten Haus saßen ein paar Leute am Eingang und luden mich zu heißer Schokolade ein. Die üblichen Fragen, die üblichen Antworten. Jhon war sehr interessiert, was mich auf dieser Reise besonders anspricht. Es gefiel ihm sichtlich, als ich antwortete: „Alte Kulturen und gelebte Rituale." Hay chamanes de la nasa? (gibt es Schamanen bei den Nasa) Er weiß nichts, fragt die Anderen. Naturlamente de San Andrés.(Natürlich in San Andrés) Eine junge Frau sagt: Chamane si, im Haus gegenüber. Sie geht hinüber, fragt dort und gibt mir dann zu verstehen, dass ich warten soll. Inzwischen wird mir ein Sessel angeboten. Kurz darauf kommt ein Mann auf mich zu und strahlt mich an. Er fragt mich, was ich möchte, und ich erkläre ihm mein Anliegen …

Er zeigt mir seine Pflanzenmedizin. Ob ich morgen Abend Zeit hätte für ein Ritual. Si! (und wenn nicht, nehme ich sie mir). Ich bin gespannt. Was er dafür verlangt. 50.000.- Pesos (17.- Euro), das ist okay.

Der Tag des Rituals.

Heute bin ich 5 Stunden lang durch die Berge gewandert, leider weiß ich gar nicht, wie viele Höhenmeter es waren. Bei einer Weggabelung, - die eine führte hinunter ins Tal, die andere auf den Gipfel, war ich versucht hinunterzusteigen. Da stand eine Kuh und ich fragte sie, welchen Weg ich nehmen soll. Prompt hob sie den Kopf und schaute Richtung Gipfel, das war für mich deutlich genug. Ich bedankte mich bei ihr und wurde, da ich auf diesen Wink des Tieres gehört hatte, mit einem grandiosen Ausblick belohnt. Am Grad musste ich einfach einen Urschrei loslassen, ich war übermächtigt von der Schönheit und der Kraft dieser Gegend. Die Gräber, die sich dort befanden, waren in diesem Fall für mich zweitrangig.

Von da an ging es bergab, und zwar in schwindel-erregenden Serpentinen. Ein Fehltritt und du landest 700 Meter weiter unten. Der Flug müsste großartig sein, - die Landung eher weniger. Mit ziemlich letzter Kraft war ich im Restaurant angekommen und genehmigte mir… eine kühle Cervesa (Bier auf Spanisch). Zwei Stunden später war ich dann mit Jose Luis, dem Schamanen zwecks eines Rituals verabredet.

Er hat in seinem Garten schon das Feuer entfacht. Nach der Begrüßung verbannte er zunächst mit Anisschnaps, mit einem rituellen Messer und ausdruckstarken Bewegungen, jene Kräfte, die uns schaden könnten. Er reinigte die Ritualstätte, ehe er mit mir zu arbeiten begann. Er besprühte auch mich mit demselben Alkohol, mit dem er die unerwünschten Energien vom Platz verwiesen hatte, dadurch wurde auch ich von eventuell negativen Kräften befreit. Dann erst reichte er mir die vorbereitete Pflanzenmedizin. Auf sein Geheiß rieb ich mir mit fermentiertem Tabak (gilt als maskulin) die linke Innenseite der Wange ein und füllte anschließend einen vollen Löffel gemahlener Kokablätter (feminin) in meine rechte Wange. Danach sangen und rasselten wir mal abwechselnd einzeln, mal miteinander. Nach mehreren Gaben dieser Pflanzen blies er mir mit einem Pflanzenröhrchen (wahrscheinlich Bambus), Rapé in beide Nasenlöcher (Rapé ist ein altes indigenes Schnupftabak-Ritual, ein Heilmittel, meist aus der Asche von Baumrinden, Samen und Kräutern. Jeder Stamm und jeder Heiler hat hier sein eigenes Rezept, die eigene Mischung. Sie wirkt spirituell reinigend und kräftigend auf allen Ebenen). Mir schien, dass mir das sofort ins Gehirn stieg, ich spürte, wie dabei die Nebenhöhlen und die Tränenkanäle und wer weiß was noch alles, gereinigt wurde, was ich in diesem Zustand gar nicht bewusst wahrnehmen konnte. Danach begannen wir wieder mit Gesängen, gemeinsam und auch abwechselnd ... auch er liebte auf Anhieb mein, in oberösterreichischem Dialekt gesungene Lieblingslied:

„:ll Muata i gspier die unta meine Fiass. Muata i gspier dei Herz schlo-o-ong :ll ".

Wir wiederholten es viele Male. Meine Chants mochte er sehr. Meine Rassel hatte ich ja zum Glück dabei. Abgesehen davon, dass mir meine Frau Karin und meine ganze Familie, Söhne und Enkel sehr abgingen, vermisste ich in diesem Moment insbesondere auch meine Trommel.

Ich weiß nicht wie viel Tabak und Coca-Mehl ich zu mir genommen habe, es war aber eine ganze Menge. Coca-Mehl wird aus den getrockneten, zermahlenen Blättern der Coca Pflanze hergestellt. Dieses Pulver wirkt gegen viele Beschwerden und gilt in den Anden als natürliche

Medizin. Es wird pur oder auch über die Nahrungskette (z.B. im Teig von Brot oder Kuchen, in Getränken oder vielen anderen Speisen) eingenommen, gilt als Vitamin- und Energiespender, ohne berauschend zu wirken. Bei der großen Menge aber, die ich in den wenigen Stunden so konzentriert konsumierte, war ich mir dann nicht mehr so ganz sicher.

Zu Beginn des Rituals haben wir erst einmal alle Himmelsrichtungen begrüßt und tanzten um das Feuer. In solchen Momenten spürt man: Alles ist eins und alles ist in Harmonie. Todos somos una familia, - wir sind eine Familie.

Gegen Ende der Zeremonie ging über dem Berggipfel die Mondin auf. Danke dir Jose Luis, danke Tierradentro. Ich fühle mich lebendig und kräftig.

Weiterreise in die Wüste **Tatacoa**. Hier erinnern mich die extrem roten Felsformationen an die Badlands in South Dakota und bekomme sowas wie Heimweh. Ich gehe allein... die Wüste ist überschaubar. Ich lies mich führen und entdeckte eine Steinspirale.

Die Erinnerung an die Spirale in Ecuador wurde wach. Eine Nacht hatte ich durchwacht und merkte die Töne der Natur und die Verbindung mit ihnen. Das sanfte Rauschen des Windes, die Zikaden und Geräusche, die mir neu waren.

Nächtens ist der Sternenhimmel klar und rein, eine große Sternschnuppe fällt - wir sind nicht allein - aber einzigartig!

Zwei Tage später befinde ich mich auf einem Motorrad und mittels einer Flussüberquerung mit einer Zille auf dem Weg nach Salento. Ich bleibe dort drei Tage in einem (wie sich herausstellte) Partyhostal!? Allerdings mit Pool. Außer auf betrunkene Franzosen, treffe ich auch auf Marco aus Potsdam.

Wir unternehmen gemeinsam Wanderungen und es tut sich da ein Vater-Sohn-Thema für Marco auf. Gerne stellte ich mich zur Verfügung.

Salento

Salento ist der Mittelpunkt der kolumbianischen Kaffeeanbauregion. Die Stadt ist ein viel besuchtes Touristenziel, da es die traditionelle Architektur der Kaffeezone bewahrt hat.

In der zweiten Nacht reicht es mir. Von den Partytigern dringt nur Krach zu mir und raubt mir den Schlaf. Ich stehe auf, öffne die Tür und schreie so laut ich kann hinaus zu den Lärmenden und Grölenden: „Ihr seid nicht allein!" Alle drehen sich herum ... und verstummen.

Nächsten Abend bekam ich eine Entschuldigung und eine Einladung zum Mittrinken. Nach zwei Stamperl Rum ist Schluss. Heute akzeptieren sie sogar alle   auch die Sperrstunde!

Die Gegend ist wunderschön und bekannt für ihre 60 Meter hohen Wachspalmen, sie sind einzigartig und gelten als die höchste Palmenart auf der ganzen Welt. Die Mutter Erde überrascht mich immer wieder mit ihrer

Vielfältigkeit und Schönheit. Nach der mehrstündigen Wanderung und vielen Höhenmetern, gönnte ich mir ein Nachmittagsschläfchen. Kurz vor dem Einschlafen merkte ich eine ungewohnte Bewegung im Raum, wie eine Art Schwindelgefühl. Zunächst dachte ich mein Kreislauf ist im Keller, ich öffnete die Augen und da bewegte sich das Handtuch am Kleiderständer. Ich ging raus, sah, wie das Pool Wellen schlug. „Wir befinden uns in einer erdbebenreichen Zone!" meinte der Hostalbesitzer. Vor 20 Jahren hatte ein größeres Erdbeben die Hauptstadt Armenia getroffen, das insgesamt etwa 1200 Todesopfer forderte. Er hat erlebt, wie die Gebäuden wie Kartenhäuser einstürzten. Diese Kleinen seien an der Tagesordnung.

Eigentlich wollte ich nach Jardin, aber der Bus hat den Anschluss verpasst und ich entschied mich hier in **Riosucio**, auf über 1700 m Seehöhe, noch etwas zu bleiben. Drei andere Touristen zahlten einen horrenden Preis für einen privaten PKW, um weiterzureisen. Ein Kolumbianer lief mir nach und plapperte etwas von, nicht allein gehen, „sonst ausgeraubt" ... er hat mir ein Hotel empfohlen. Mas economico (sehr günstig). Es war trotzdem überteuert, aber letztendlich dennoch dreiviertel billiger als die Fahrt mit dem Auto.

Beeindruckende Wandmalerei in Riosucio

Gegen Abend schlenderte ich, als einziger Tourist, durch die Innenstadt und sah einen Heiler, der mit seiner Frau Schmuck verkaufte. Ich habe ihn angesprochen, ob sie mein Armband reparieren können. Er war begeistert von der Perlenarbeit und so entwickelte sich ein Gespräch über Plantas medicinas (Heilpflanzen) und über Schamanismus.

Es kam auch eine Frau zu ihm, die das gekaufte Schmuckstück von ihm segnen ließ. Auf seine Frage hin, ob wir keine Eingeborenen haben, fiel mir ein, dass ich ein Eingeborener, wir würden sagen „eingefleischter" Österreicher bin. Außerdem erzählte er mir, dass es an der Pazifikküste Panamas eine "Schamaneninsel" gibt. Eine gute Anregung. Dank sei ihm! Vielleicht sollte ich doch nach Panama?

Tags darauf kam ich nach Jardin, das auf gleicher Meereshöhe liegt. Für 52 km dauerte es bergauf-bergab ganze 3,5 Stunden (macht 14,8 km/h) bei diesen Straßenverhältnissen wundert es mich das nicht. Zum Teil war die Straße nur einspurig zu befahren und wir mussten öfters ausweichen, rücksetzten und zum anderen Teil sehr kurvig. **Jardin** ist eine nette, relativ kleine Stadt, mit ca. 13 000 Einwohnern und sehr auf den Fremdenverkehr fokussiert. Tja, da lass ich mich doch glatt dazu hinreißen, eine Tour zu einem Wasserfall zu buchen, obwohl ich für mein Tagesbudget nur 16 Euro eingeplant hatte.

Aber es diese Entscheidung lohnte sich! Ich bin paff — hermosa! (!) Wow, - echt unbeschreiblich schön, ja gigantisch wie sich das Wasser durch einen Einlass, durch ein Loch, eine Öffnung über unseren Köpfen von vier Meter Höhe in einen Tümpel ergießt. Hier konnte man sogar baden.

Darüber hatte mich die Reiseleiterin von der Agentur nicht aufgeklärt. Aber was soll´s, - die Über-Hose runter und mit der Ugatti (Unterhose) ein mutiger Sprung ins eisigkalte Nass. Ahhh ar...kalt. Dass es nur sieben Grad hat, erfährt man erst im Nachhinein. Ein großartiges Gefühl, tosendes Wasser, automatische Naturmassage inbegriffen ... und dann schnell raus, bevor etwas abfriert ... ☺ ... ich war am ganzen Körper rot wie ein Pavianarsch. Nun hieß es schnell die Kleidung überziehen und viel Bewegung machen. Die nasse Unterhose steckte ich in den Rucksack.

Ahja, war dann noch eine Besonderheit: knallrote Vögel und andere, die birnenförmige Nester bauen, die mich an den Dschungel in Peru erinnerten. Moderne Architektur!

Auf nach **Medellín!** Dort angekommen, war ich im ersten Moment ganz schön geschockt. Diese Stadt hat 8 Mill. Einwohner, keine Kleinigkeit.

Hier wollte ich Jenny und Ricardo besuchen, die ich in Otavalo getroffen habe. Ich habe ihr über WhatsApp geschrieben und wir standen während der bisherigen Kolumbienreise öfters in Kontakt. Sie holte mich an der Busstation ab und brachte mich in ihr Zuhause, das war ein Apartment mit insgesamt nur ca. 20 Quadratmetern. Ich war überrascht, glaubte doch auch Ricardo wäre hier. Aber er studiert und lebt in Bogota. Sie lebt allein und sie bot mir ihr Bett an, während sie sich auf dem Fußboden eine Schlafstatt bereitete. Mi Casa es tu Casa. Mit Pablo, ihrem Kollegen zeigte sie mir Medellín.

Die Beiden sind Lehrer, er ist Professor an der Hochschule, sie Professorin an einer Schule und... etwas verrückte Mathematiker. Nur noch Quantenwissenschaftler seien verrückter, meint Pablo lachend. Sie zahlten mein Essen, meine Busfahrten, das Taxi, den Eintritt. Bei meinem Eis konnte ich mich endlich unter Protest durchsetzen.

Die Gastfreundschaft war überwältigend, - ich kann bleiben, solange ich will... das habe ich nicht erwartet. Ich blieb und wartete auf meine Ersatzmastercard. Zuerst hatte ich ein schlechtes Gewissen, - das aber schwächte die beiden,... dann fing ich an, alles zu genießen, - das stärkt sie.

Nächsten Tag habe ich erfahren, dass sie monatlich nur 320.- Euro verdient. Das Apartment kostet 150.-... und ich stöhne, mein Reisebudget pro Monat nur 600,- Euro vorsieht. An meinem Geburtstag habe ich eingekauft, Spagetti Bolognese gekocht und hatte auch eine kleine Flasche Wein mitgebracht.

Jenny hat genüsslich geschmatzt und mich anschließend in einen Eissalon ohne Preise auf der Karte eingeladen.

Schamanenaltar für eine leichte Geburt

In einem Nationalpark in der Nähe von Medellín sahen wir eine kleine Gruppe mit einer Frau, die eine Trommel dabeihatte. Sie lagerten am Ufer eines kleinen Sees. Jenny und ich gingen auf sie zu und bemerkten, dass sich alle auf ein Ritual vorbereiteten. Die Schamanin hatte ihren Altar bereitet und wollte gerade beginnen, als wir sie ansprachen. Anhand der Symbolik erkannte ich, dass es sich um eine Zeremonie für die Niederkunft handelt.

Von ihr erbat ich die Adresse des Trommelbauers und seine Telefonnummer, da ich ihre als etwas Besonderes empfand. Manchmal brauchen Wünsche nur angedacht oder ausgesprochen werden, um dann fast postwendend im Leben realisiert zu werden, - ich hatte meine Trommel auf der Reise doch so sehr vermisst, jetzt schien sich mein Sehnen bald zu erfüllen und ich würde bald im Besitz einer neuen, eigenen sein.

Zwischendurch ergab sich eine Fahrt nach **Guatabè**.

Einem Stausee und einem eigenartigen Stein. Sieben hübsche, charmante, dunkelhäutige Frauen wollten mit mir dort fotografiert werden ... mein Handy hat von allein einige Bilder gelöscht.

Medellín selbst ist voller Gegensätze. Einerseits glänzende Einkaufparks und gleich daneben die vom Müll der Reichen, lebenden Armen. Letztere meist betrunken, um das Elend zu ertragen.

Ah! ... da ist noch die Geschichte eines versuchten Raubes: ich ging allein in den botanischen Garten. Beim Durchschlendern fielen mir zwei pubertäre Mädels auf, im Alter so um sechzehn. Als ich an einem etwas abgeschiedenen Platz war, sprachen sie mich an. Ich habe ihnen gleich zu verstehen gegeben, dass ich kein Spanisch spreche und habe mich etwas dumm gestellt.

„Ambre! Hungry!" Sie gestikulierten, dass sie Hunger hätten! „Nesecitamos plata!" (bedeutet: Wir brauchen Geld!), sie machten zusätzlich das internationale Geldzeichen. Ich zuckte mit den Schultern. Gleich darauf kam ein junger Mann auf mich zu, gab mir die Hand, drückte fester als nötig zu und stellte sich vor. Ich erwiderte den Druck so heftig ich konnte, daraufhin ließ er los. Sie wollen Geld … und er stellt mich seinem noch größeren Freund vor, der sich hinter mir so richtig bedrohlich aufbaute. Geld oder Handy … ah! Jetzt sagte ich: „Nada! Necesitas a la policia?" (nichts, braucht ihr die Polizei?), drehte mich zum Großen um, ging mutig auf ihn zu, … woraufhin er ein wenig verunsichert auswich. … Zu guter Letzt schob ich ihn noch etwas beiseite. Festen Schrittes ging ich weiter, ohne mich umzudrehen. Angst hatte ich keine, realisierte doch erst später, dass es gefährlich war.

Am nächsten Tag wählte ich ein öffentliches Verkehrsmittel, um mir meine bestellte Trommel zu holen. Da bin ich doch dann tatsächlich in den falschen Bus gestiegen! Er fuhr zwar in die richtige Richtung, zweigte aber dann ab, was ich nicht vorhersehen konnte. Ich stieg aus, nahm einen anderen Bus zurück bis zur Abzweigung. Dort wartete ich im angegebenen Restaurant vergeblich. Nach einer Weile erhielt ich die Adresse per SMS. Google weiß alles… also ging ich… ging ich… ging ich… eine ganze Stunde lang! Dann bekam ich einen Anruf vom Trommelbauer, der besorgt fragte, wo ich denn verblieben war. Ich schilderte meinen Fußweg und er bot mir gleich an mich mit dem Auto abzuholen, da ich viel zu weit gegangen war. Gleichsam ging ich in Form einer Schleife und hätte infolgedessen, dann nur von hinten mit erheblichen Aufwand, sein Anwesen erreichen können. Er kam mir mit dem Auto entgegen, mitsamt seiner Tochter und zwei jungen Hunden. Juan Camilo stellt seit 20 Jahren Trommeln her. Er hatte einst geträumt, es tun zu müssen, somit wurde dieses Handwerk zu seiner Berufung.

An seinem kleinen Haus am Hang fließt vorne ein Bach vorbei. Hier lebt er mit einer wirklich lieben, sympathischen Frau (die Schamanin, die ich vom Ritual wieder erkannte), mit seiner Tochter, den beiden Hunden und zwei Katzen. Zuerst wollten die Hunde nicht von mir weichen, dann klebten die Katzen auch noch an mir. Besonders die völlig Graue sprang auf meinen Schoß, legte sich sofort nieder und machte es sich so richtig bequem. A Miracle... das täte sie sonst nie und bei keinem, wurde mir gesagt. Nach dem ich eine gehörige Portion Rapé in die Nase geschossen bekam, wie es dortzulande üblich ist (ähnlich dem Schnupftabak) plauderte das Paar mit mir, während er meine Trommel bespannte. Sie sei noch feucht und brauche eine Trockenzeit von einem Tag. Ich bewunderte die anderen von ihm gefertigten und zum Teil wunderschön bemalten Trommeln. Ich bezahlte 50.- Euros, dann luden sie mich noch zum Essen ein, - ich aber wollte lieber nach Medellín zurück. Meine Vorfreude war riesengroß und ich nahm mir vor: Morgen werde ich sie würdevoll einweihen! Ich fuhr zu diesem Zweck mit einer Seilbahn auf den Berg in der Nähe von Medellín. Dort versuchte ich in den Wald zu kommen. Ranger aber versperrten die Wege, Polizisten schickten mich zurück. Ich gab nicht auf, mühte mich ab, bis ich einen Spalt im Stacheldrahtzaun entdeckte, wo sich ein kleiner Weg auftat. Dem folgte ich, bis ich mir sicher war, allein zu sein. Dann erst habe ich sie ausgepackt und den vier Himmelsrichtungen vorgestellt, indem ich sie in die jeweilige Richtung hielt und um den Segen der Elementarkräfte bat. Die Bäume wiegten sich sanft im Wind, die Sonne schien zart, die Vögel sangen. Der erste Klang ertönte und erblickte die Welt. Jetzt war die Trommel endlich zu meinem ganz persönliches Werkzeug geworden und anschließend von mir bemalt.

In **Santa Fe** traf ich Peter aus einem Ort in der Nähe von Steyr, ein " Schlitzohr" auf der Suche nach einer jungen Frau. Viel Glück dabei! Er war mit einem Motorrad unterwegs, dass er gekauft hat. Peter hat eine Menge Erfahrung und lud mich auf ein paar kleine Ausflüge ein. Er lebte vor Jahren in Medellín, besaß einen kleinen Laden und hatte eine Kolumbianerin geheiratet. Es ging mit den beiden gut, bis sie nach Österreich zogen.

Puente Colgante

In Österreich, meinte er, wurde sie zur Diva und sie haben sich scheiden lassen. Die kolumbianischen Frauen schätzen europäische Männer, da sie als verlässlich und sanft gelten.

In Medellín zurück, habe ich es von Jenny verifizieren lassen. Die „neuen" kolumbianischen Männer sind nur mehr an schnellen Sex interessiert. Wird das Mädchen schwanger, lassen sie diese mit dem Kind zurück. Sorgepflicht wie bei uns, gibt es nicht. Beobachtet hatte ich dies schon öfters. Junge Frauen allein beim Einkauf, in den Kaffees und in den Parks, mit ihren Kindern. Jenny empfahl mir nach **Quibdo** zu fahren. Bei 13 Stunden Busfahrt, für knapp 200 zurückgelegte Kilometer, es zeigte sich die Qualität der Straße. Auf der Fahrt traf ich im Bus einen Mann, der sich aus Quito noch an mich erinnerte (die Welt ist klein). Ich träumte während der Reise, im Halbschlaf ein Gespräch mit einem Schamanen. Ich wartete auf der Mole auf ihn.

Dann endlich landete ich in Quibdo am Rande des Regenwaldes. ... abends traf ich ihn tatsächlich. Phillipe ein indigener Schamane, erkannte mich ebenfalls. Jedenfalls sprach er mich an und gab mir zur Begrüßung etwas Flüssigkeit auf die Handinnenflächen, die sich sofort aktivierten. Es durchströmte von den Handflächen ausgehend Wärme und prickelnde Energie, die sich in mir breitmachte. Danke dir, Phillipe! Inzwischen sitze ich als einziger Weißer in einem Straßenkaffee voller Schwarzafrikaner und komme mir vor, als sei ich in Afrika. Am Abend der Rückreise war ich noch von einer Gruppe Urwaldeinwohner umringt. Na, die sind vielleicht klein und drahtig!

Trotzdem möchte ich es nicht mit ihnen im Kampf aufnehmen wollen. Der zweite Monat begann mit einer Wanderung in der Nähe von Medellín. Jenny versprach mir, mit-zukommen, bekam aber eine zusätzliche Arbeit.

So war ich wieder allein unterwegs.

Sie ging durch bergiges Land, durch Wälder über Stock und Stein, mehrmals durch einen Bach hindurch zu einem prächtigen, großartig rauschenden, tosenden Wasserfall.

Er scheint für eine Art Wasseramsel Heimat zu sein. Zu diesem Ausflug war ich allein aufgebrochen, kam aber dann mit fünf Kolumbianern dort an. Ich packte die Trommel aus und begann zu spielen und zu tönen. Ein Pärchen setze sich neben mich und baten mich mehr zu trommeln. Mucho gusto (sehr gern). Und so gab ich dem

Wasserfall, der Amsel und den inzwischen acht Personen, die sich um mich versammelt hatten, ein Konzert. Anschließend wurde ich befragt. Die Zuhörenden wollten wissen, wieso ich hier spiele, was das für ein Instrument sei, und-und-und... Ich erklärte, dass dies meine Art sei, allgemein danke zu sagen und zugleich mit der Natur zu kommunizieren. Danach schaute ich ihnen beim Baden im eiskalten Wasser zu und widerstand ihren Aufforderungen, mitzumachen. Dafür aber fiel ich beim Zurückgehen in den Bach, ha! ... manchen Dingen kann man im Leben eben doch nicht entkommen. Aber no problem, - es war eigentlich gar nicht so frostig, wie ich befürchtet hatte.

Alles in Allem war ich insgesamt immerhin ganze fünf Stunden zu Fuß unterwegs. Und schon steht der Abschied von Medellín an. Abschiedsessen für Jenny und „Muchas Gracias" für deine Gastfreundschaft und Großzügigkeit...

... und dann machte ich mich auf nach **Bogota** mit seinen 10 Mill. Einwohnern! Eine Herausforderung, sich da zu orientieren! Diese Stadt hätte ich gemieden, wenn nicht Ricardo (Jennys Freund) darauf bestanden hätte. Er wollte mir unbedingt zeigen, wie er wohnt. Sie verschlingt dich, wenn du nicht weißt, wohin du möchtest, bzw. wenn du das zwar weißt, aber keine Karte hast, wie du da hinkommen kannst. Selbst Ricardo brauchte eine App, also die elektronische Unterstützung, um sich im öffentlichen Verkehr zurecht zu finden.

Ricardo teilt sich das Apartment mit Ignacio, einem Justizwachebeamten, der in der Serie "Die gefährlichsten Gefängnisse der Welt" zu sehen war. Ignacio erzählte es mir voller Stolz. Auch mit den beiden erlebte ich, dass Gastfreundschaft extrem großgeschrieben wird.

Ignacio

Die beiden planten die Routen, brachten mich überall hin und holten mich wieder ab. Freitag stiegen wir auf den Mount Monserrate, einen Berg mit einer Kirche darauf.

Ricardo begleitete mich zum Bus, Ignacio stieg auf der Strecke zu (er kam gerade von der Nachtschicht).

Nach der Begrüßung streckte er mir eine Flasche Wasser und ein Brot entgegen, mit der Aufforderung zu essen und zu trinken. „Por el camino"... für unterwegs.

Es geht daneben zwar eine Gondel hoch, aber wir gehen bewusst zu Fuß. Insgesamt 2000 Höhenmeter auf Stufen, die die Indios bauen mussten, anstatt im Gefangenhaus ihre Strafen abzusitzen. Jeder Stein ein Schmerz. Die Vorstellung dieser Tortur aktivierte vermehrt die physischen Schmerzen in meinen Beinen. Ich hätte nach einen Drittel umgedreht, da ich diese Schmerzen kaum ertragen konnte, wäre da nicht Ignacio gewesen, der mich mit seinem milden Blick ermunterte. Immer wieder sagte er: „Un poco mas!" (Ein Stückchen noch!) ... so ging ich eben weiter, bis wir oben an der Kirche angelangt waren. Über dem Eingang steht in großen Lettern: DAS LEIDEN CHRISTI.

Ich hätte schreien mögen vor Wut und Zorn, - die Tränen stiegen in mir hoch. Das Leiden der Ureinwohner wurde von jenen, die diese Kirche in Auftrag gegeben hatten, absichtlich zugefügt. Ständig missbraucht die Kirche derlei Auslegungen! Gleichzeitig fiel mir ein, wie Jesus einst die Händler aus dem Tempel vertrieben hatte. Jesus war strikt gegen das Geld verdienen in den jüdischen Tempeln und der Profitgier der Priester. Die vielen Souvenirstände wären sicher ein Dorn in seinen Augen.

Der Abstieg fiel mir leicht, als ich den schwitzenden und keuchenden Menschen begegnete, die es noch nach oben schaffen wollten. Am selben Abend wurde ich noch von Ignacio in ein Chinarestaurant eingeladen.

Tags darauf traf ich mich mit Nina Luz, einer Aktivistin von Raices de Tierra. Es handelt sich dabei um eine in Mexico gegründete Vereinigung von nativen Schamanen weltweit. Ich hatte in Tarapoto schon das Vergnügen an einer Kiva Zeremonie teilzunehmen. Überall gibt es diese wunderbare Bewegung, für die Mutter Erde zu sorgen. Zuerst hat sie sich etwas geziert, dann erfreulicherweise zugesagt. Getroffen habe ich sie am Plaza de Boliviar, - leider war ich etwas verspätet, zum Glück hatte sie geduldig gewartet. Klein, zierlich, etwas „Gnomenhaftes" hatte sie an sich. Erhob sich schwerfällig und benutzte dabei einen Stock. Sie sagte mir, dass sie seit einem Jahr nicht mehr außer Haus gewesen sei. Nina leidet seit Jahren an Multiple Sklerose, muss ein Korsett tragen und kann sich nur wenig fortbewegen, aber heute wollte sie dann doch kommen. Wir waren in einem Restaurant und sprachen wenig, spürten einander dafür umso mehr. Nach dem Essen wäre sie fast eingeschlafen, sie war von ihrer Krankheit gezeichnet und erschöpft. Ich begleitete sie zu einem Taxi und verabschiedete mich, - ich fühlte mich geehrt, diese Frau getroffen zu haben.

Am nächsten Tag besuchte ich noch das Museo del Oro, wo wunderbare Goldarbeiten aus präkolumbianischer Zeit zu sehen waren. Die Vorstellung, dass während der Spanier tonnenweise Kunstschätze eingeschmolzen und verschifft wurden, machte mich wütend und traurig zugleich. Das manche Schiffe dabei noch im Hafen gesunken sind, verursachte ein Schmunzeln. Sehenswert ist auch das Museo de Nacional de Columbia, mit ihrer großartige Ausstellung kolumbianischer Geschichte und nicht vergessen, sei der Botanische Garten ob seiner Schönheit. Ricardo und Ignacio führten mich am letzten Tag nochmals zum Essen aus.

Ricardo brachte mich danach sogar noch bis zur Busstation, - das dauerte immerhin einenhalb Stunden. Das Fazit nach dieser Begegnung: „Mi Casa es tu Casa" … (mein Haus ist dein Haus) wird dort ganz wortwörtlich genommen. Diese Gastfreundschaft ist unbeschreiblich.

Mit dem Bus nach San Gil, ein kleiner Ort mit einem sehr schönen Parque Natural El Gallineral. Ein beliebtes Ausflugsziel, das auf einer Insel zwischen dem Río Fonce und zweier Bäche liegt. Mein spontanes Programm: Zwei, drei Tage Wanderungen durch das Flussbett.

Klettern mit einheimischen Jugendlichen über wunderbare Wasserfälle, Baden in natürlichen Becken, hinunterspringen, und gemeinsam mit Leguanen die Sonne genießen! Herz was willst du mehr, unbeschwert, fast kindliche Gefühle stiegen in mir hoch.

Dann eine lange Fahrt nach Santa Marta, an die Atlantikküste im Norden Kolumbiens. Ein netter Strand, der am nächsten Tag verplastifiziert war. Zunächst erfuhr ich in mir große Aufregung, dann bemerke ich eine junge Venezolanerin, die das Plastik aus dem Meer fischte. So geht es auch. Ich habe dann gleich mitgemacht und so haben wir in einer guten Stunde einen Mülleimer vollgestopft. Als Belohnung sind wir essen gegangen, obwohl ich keinen Hunger hatte. Ich habe ihr einen Großteil von meinem Essen überlassen. „Ambre, ambre", - Hunger ist ein Wort, das mich durch die nächsten Tage begleitet. Das Elend der Flüchtlinge … sie kommen mit Taschen voller Geld, das aber gar nichts wert ist. Ein glücklicher Venezolaner (er hat hier im Hotel Arbeit gefunden) erzählte mir, dass er mit einer Tasche voller Geld Brot kaufen gehen müsse, um so viel zu bekommen, wie er für sich und seine Familie braucht. In Venezuela muss er einen Monat arbeiten und verdient so viel, wie er eigentlich an einem einzigen Tag brauchen würde. Aber jetzt sind es zu viele Flüchtlinge, die hier stranden. Manche flechten Taschen aus dem Geld, welches sie mitgebracht haben. Da bekommen sie wenigstens ein bisschen was dafür. So sind die Geldscheine wenigstens noch zu irgendetwas nütze, - besser sie bringen wenig, anstatt gar nichts mehr ein.

Dann erlebte ich endlich Carneval ... allerdings bei weitem nicht sowie im Fernsehen!

... hier waren dicht an dicht tanzende, sich im Samba Rhythmus wiegende Leiber. Eigentlich hatte ich keine Lust und kam mir dabei etwas verloren vor.

Alkoholgetränkte Stimmen grölten jedes Lied lauthals mit. Laut, dicht, laut... bis zwei Uhr morgens hielt auch ich durch, dann brachten mich die jungen Hotelbesitzer nach Hause.

Tags darauf war ein eigenartiger Tag. So viel Bettelei hatte ich noch nie erlebt... auch noch nie so viel Anmache ... Weißes Kokain, Braunes Heroin, Marihuana, manchmal nett, meistens bedrängend. Am Abend schlenderte ich noch in einen Park, um mir noch ein Bier zu genehmigen. Ich saß auf der Parkbank und unterhielt mich mit dem Verkäufer, als drei schwarze Venezolaner in Lendenschurz, maskiert und schwarz bemalt, mit Stöcken bewaffnet äffisch durch die Menschen hüpften. Nicht nur ich bemerkte sie, sondern sie mich auch. Fingen an mich zu attackieren, sie rollten die Augen, schnitten züngelnd Grimassen, forderten auf diese Weise einschüchternd Geld von mir.

„No, nada...", mehrmals versuchten sie mich einzuschüchtern, bevor sie zum Glück unverrichteter Dinge abrauschten. Der Verkäufer sprang sogleich auf und dann auch noch sein Freund...

Da erst bemerkte ich, dass mein Handy weg war. Ich war wie hypnotisiert, wie ein Kaninchen vor einer Schlange... Es wurde fast zu einem Wettrennen, Policia hinten nach, ich hinten nach... aber viel zu spät oder zu langsam. Ich habe dann noch den beiden Helfer ein Bier ausgeben und zwei Frauen ein Wasser, die sich hilfreich beteiligt hatten.

Ich habe mich dann ziemlich verärgert auf den Weg ins Hotel gemacht, wollte meinen Frust ausschlafen. Daraus wurde aber nix, - wen wundert`s. Bin also wieder auf und hab mich zum "Nachtportier" auf den Gehsteig gesetzt. Ich erzählte, was passiert war. Bald setzte sich noch ein junger Mann zu uns. Er holte mir ein Bier und für sich einen Schnaps. Carlos, ein junger Venezolaner, feiert heute seinen zwanzigsten Geburtstag. "Feliz cumpleaños para ti" gratulierte ich ihm. Seine Antwort war: "Muchas gracias, pero ambre mucho..." was bedeutete, "Danke, bin am Verhungern!" Woraufhin ich ihm ein Essen ausgeben wollte. Wir gingen durch die Gassen, bis zu einem Essenstand, wo es ein landestypisches Fast-Food-Gericht gab: Salcipapa... mit der Frage „Comer aqui?" (Essen sie hier?) ... „No, a Hotel". Woraufhin es für jeden von uns für den Transport zum Hotel gut in Plastik verpackt wurde. Dann beteuerte er, er beschütze mich, ... er führe mich, damit mir niemand was täte, damit mir nichts geschehe... bis... ja, bis ein kleiner Mann sich mir in dem Weg stellte. Er taxierte mich kurz, lief auf mich zu und riss mir mein Essen aus der Hand. Das Sackerl riss entzwei und das Essen fiel auf die Straße. Der Junge an meiner Seite wollte sich schon auf ihn stürzen. Ich hielt ihn zurück. „Ambre, ambre!" schrie der Andere und begann, vollkommen ausgehungert, das Essen von der Straße in sich hineinzustopfen. Es gab Pommes, verschiedene Sorten Würstchen mit Käse überbacken, Mayonnaise und diverse pikante Soßen. Es war ein jämmerlicher, herzerweichender und zugleich auch für mich ein beschämender Anblick! Ich war fassungslos über diese große Not.

Worauf Carlos in eine dramatische Darstellung der Entschuldigung verfiel. ER sollte mich doch beschützen. ER wäre doch dafür verantwortlich. Es täte ihm so leid. Bitte, bitte um Entschuldigung. Den Tränen nahe, bot er mir sein Essen an, ER, der viel hungriger war, als ich es jemals gewesen bin. Ich versuchte ihn zu beschwichtigen und hab ihm natürlich seine Portion gelassen. Carlos aß dann am Gehsteig vor dem Hotel. Tags darauf stand also wieder der Kauf eines neuen Handys an. Allerdings ein billiges, - es würde wahrscheinlich nicht das Letzte sein.

Ich wartete auf einen einheimischen Führer, der mich in die Sierra Nevada de Santa Marta bringen sollte (Bergkette im Norden Kolumbiens, entgegen anderen Sierra Nevadas weltweit, ist diese hier die höchste Erhebung Südamerikas und mit ihren knapp unter 6000m hohen Gipfeln das höchste Küstengebirge der Welt). Dort gibt es eine Ciudad Perdida, quasi das kolumbianische Machu Picchu. (Eine geführte Tour kostet 300.- € und das Betreten ist nur mit einem Führer möglich).

Ich wartete fast eine Woche. Zunächst hatte er mir versprochen, dass er bald kam, dann konnte er doch nicht von Bogota weg. In dieser Zeit des Wartens ging ich zwischendurch immer wieder ins Meer, fischte mit Valeria Plastik, bezahlte ihr Essen und machte kleine Tagesausflüge. Inzwischen bemerkte ich immer wieder in weiß gekleidete Menschen, die sich still und unbeteiligt, durchwegs beobachtend und neugierig verhielten. Ich erfuhr von den Hotelbesitzer, dass es sich dabei um Kundschafter des Pueblo Indigena Chairama, ein im Parque Tayrona liegendes Dorf handelt. Sie informieren ihre Dorfbewohner mit den neuesten Entwicklungen, beteiligen sich allerdings nicht daran. Dann entschloss ich mich drei Tage in den Nationalpark Tayrona zu gehen, der teilweise an wunderschöne und teilweise an gefährliche Strände führte.

Anfangs begegnete ich vielen Wanderern, die sich dann in dem weitläufigen Gebiet verteilt hatten. Der Regenwald dahinter, schien für viele Touristen eher uninteressant. Ich aber wollte auch zu dem Dorf mit indigener Bevölkerung.

Der Weg führte steil auf Steintreppen bergauf, die zum Teil versperrt waren. Ich folgte ihm bis zu einer Absperrung mit Stacheldraht... und wartete... und trommelte… und wartete… und trommelte. Kein Mensch reagierte, - als ich aber die Augen öffnete, saß plötzlich ein Geier neben mir und hörte meinem Trommeln zu. Durch meine rasche Kopfbewegung flog er leider erschrocken davon.

Als ich schon zusammenpackte, kam gerade ein Pärchen von der anderen Seite der Absperrung. Sie erzählten mir, dass sie im Dorf gewesen sind, aber mit sehr viel Ablehnung konfrontiert waren. Ich könne es trotzdem probieren. Ich war motiviert, - also los, rauf… doch es war wirklich, wirklich kompliziert… aber lohnend.

Eine Herde Affen verfolgte mich eine Zeitlang, dann ein Nutria, der seelenruhig in der Nähe saß und futterte. Als es vier Uhr wurde, war ich eigentlich schon knapp vor dem Dorf, dennoch drehte ich bei einem Riesenbaum um, einerseits, weil ich den Wunsch nach Abgeschiedenheit der Menschen respektieren wollte und zum anderen lief mir die Zeit davon. Ich wollte nicht in die Finsternis kommen. Genau im richtigen Augenblick kam ich, bereits in der Dämmerung und ziemlich geschafft, wieder im Zeltlager an.

In der Zivilisation zurück bekam ich dann die Nachricht, dass mein Führer nicht kommen kann, aber ich könne seinen Großvater besuchen. Plötzlich wusste ich nicht mehr, was ich mir davon versprach. Wozu ich überhaupt Kontakt zu den Indios suche. Wieso diese Reise? Reicht es nicht einfach, da zu sein? Ohne Absicht, ohne Ziel, ohne etwas "Höheres" oder "Tiefsinnigeres" zu wollen? Da kommt ein tiefer Atemzug, ein eindeutiges JA.

Ich buche einen Flug von Cartagena nach **San Andres**, eine typische Karibikinsel. Von dort werde ich versuchen nach Nicaragua weiterzukommen...

Der Plan scheitert, kein Schiff fährt. Der einzige Mann, der mich rüberbringen wollte, verlangte 4000.- Dollar. Kolumbien liegt mit Nicaragua wegen der Insel im Streit.

Ich muss also zurück nach Bogota fliegen und von dort nach Panama, das ist am günstigsten.

Dann mit dem Bus nach Costa Rica und weiter nach Nicaragua. Der Flug nach Bogota geht erst am 20. März. Inzwischen verweile ich in einem Stück Paradies. Doch heute habe ich gesehen, dass das Paradies sich nur am Strand befindet!

Das neue Zimmer liegt in der Inselmitte, da stapelt sich der Plastikmüll und ein Stück Elend ist wahrzunehmen.

Traumhafte Strände, nur sind 2/3 der Frauen von einer eigenartigen Krankheit befallen. Davon gut die Hälfte gleich an zwei Stellen.

Eine Krankheit heißt Busenprallhochstand, die andere Ballonpopo. Fast alle sind hier schönheitschirurgisch verseucht. Die meisten schon ab dem 16. Geburtstag! Die Mädels wünschen sich kein Moped, sondern ein Implantat, bitte. Viele von ihnen haben sich dafür prostituiert. Tja, und jetzt weiß ich auch wie sie den Plastikmüll in den Griff bekommen wollen. Vorne zwei und hinten zwei Plastikimplantate! Bei den Männern Six Packs. Na toll, dann noch ein Sondermüllbegräbnis.

Mit Panama wird es auch nix, - dafür kann ich gleich Cancun in Mexico für 99.- € anpeilen. Zuerst war ich unglücklich darüber, dann einen Tag später sehe ich in den Nachrichten, wie es zurzeit in Nicaragua zugeht -

bürgerkriegsähnliche Zustände. Die Grenze nach Honduras ist schon gesperrt. Puuh, Glück gehabt. Jetzt brauche ich nur noch das Ausreiseticket nach Guatemala.

Apropos Grenze, - jene nach Ecuador ist ebenfalls gesperrt, allerdings von den Ureinwohnern selbst, die mehr Land und mehr Leistungen für sich fordern. Die Regierung versuchte hart durchzugreifen, ist aber am anhaltenden Widerstand der Bevölkerung gescheitert.

Die LKWs warten seit einer Woche die Durchreise. Gewalt auf Seiten der ecuadorianischen Regierung, die Bilder, die durch die Nachrichten gehen sind ziemlich bestürzend.

San Andres ist eigen. Am Meer wunderschöne Strände, die Ansiedlungen sind gepflegt und die Ortschaften fest in spanisch/kolumbianischer Hand. In der Mitte allerdings befindet sich die afrikanisch/kolumbianische Bevölkerung mit vielen verschiedenen Kirchen. Die Busfahrt zu meiner Unterkunft war immer voller Staunen über den krassen Milieuwandel. Arm und Reich liegt sehr nahe beisammen.

Dort war auch ein Alligatorenteich, den ich besuchte. Tags darauf badete ich an der Playa Zarpata, wo du zu Fuß durch das Meer auf eine kleine Insel gehen kannst.

Während ich durch das Meer watete, begegnete ich eine Menschengruppe, die schrien: „Da kommt Jesus, um

Kolumbien zu bekehren!" „Jesus würde auf dem Wasser gehen und nicht in ihm!" antwortete ich etwas schmunzelnd.

Und ich buchte noch einen Ausflug zu einem Atoll, wo Fische im knietiefen Wasser zu bewundern sind. Eine Attraktion war das Rochenstreicheln. Mit einem Lächeln erklärte der Mann, dass sie nicht zu lange festgehalten werden dürfen, da sie sonst sterben würden. Aber solange dafür bezahlt wurde…… Ich wurde zornig und habe ihn kritisiert. Die Reaktion der umstehenden Touristen war eindeutig gegen mich gerichtet.

Oh-oh-oh… jaja,… hatte ich nicht geschrieben "Es wird nicht das letzte Handy sein"!… Prompt geht meine Weissagung in Erfüllung… ob ich das wohl selbst in die Matrix gesetzt hatte? Gestern war für mich ein Tag, den ich auch nicht so schnell vergessen werde. Ich war schwimmen gegangen. Am Strand hielten sich zu diesem Zeitpunkt nur drei Personen auf, eine Frau und zwei Männer. Ich hatte mein Handy mit Geld, der Passkopie und den Flugtickets in ein Plastiksackerl gegeben und alles unter meinem Handtuch nicht nur versteckt, sondern sicherheitshalber sogar v e r g r a b e n.

Dann ging ich unbekümmert ins Wasser. Am liebsten mache ich „Toter Mann", - bewegungslos am Rücken liegend, nur den blauen Himmel über mir bestaunend. Manchmal ziehen Wolken vorbei,... einfach wunderbar, das Getragen werden vom Wasser, das sanfte Schaukeln, hin und wieder die Augen schließen, genießen... einfach loslassen, einfach auslassen, einfach sein lassen.

Plötzlich kommt der Gedanke, das Gespür, ich sollte jetzt raus... Doch, oh weh... hab an diesem Tag nicht auf meine innere Stimme gehört und mir gedacht, „na, eh nur a bisserl noch genießen". Das erwies sich als folgenschwerer Fehler.

Als ich zu meinem Handtuch zurückkam, waren alle Wertgegenstände weg! Ich habe alle drei Personen am sonst leeren Strand gefragt, ob sie jemanden gesehen hätten, erntete aber nur ein Schulterzucken und Kopfschütteln. Da fing ich an zu schreien: „Ihr Arschlöcher, ihr Diebe!" und was mir im Zorn sonst noch an Unflätigkeiten einfiel. Ich war so unglaublich wütend. Das aber brachte mir meine Sachen auch nicht wieder, folglich nutzte das auch nichts. Die Polizei war weit, sehr weit entfernt. Also keine Hoffnung, Hilfe zu bekommen.

In zwei Tagen sollte mein nächster Flug gehen, ich musste also meine Tickets nochmal checken, das

Busticket ebenso, tja, und dann brauchte ich schon wieder ein neues Handy.

Zum Glück ging das dann alles relativ einfach und schnell. Ins Internetcafé rein mit den Tickets nach Bogota, Cancun und mit dem Busticket nach Guatemala raus. In den Handyladen rein, mit dem Neuen wieder raus. Das wievielte Handy war das eigentlich? Und wie oft sollte mir das womöglich noch passieren? Immerhin war ich jetzt schon geübt im Handling. Also dann schnell das Notwendigste hochladen und beim Alten fernab die Daten löschen.

Dann ging ich dennoch zur Polizei, - die Beamten dort waren aber eher amüsiert. Sie hatten noch nie einen österreichischen Reisepass gesehen, dafür aber fiel die Befragung eher bescheiden aus. Danach bekamen sie von der einzigen englischsprachigen Polizistin den Auftrag, mich ins Apartment zu bringen. Zu viert! Zunächst fuhren wir durch den Ort, zwei von ihnen wurden heimgebracht, dann zu einer Polizeistation. Dort wurde jemand in Handschellen eingeladen und in eine andere Einrichtung überstellt. Insgesamt saß ich geschlagene zwei Stunden im Amts-Bus. Für die zwei verbliebenen Polizisten schien es eine willkommene Abwechslung gewesen zu sein.

So, heute fliege ich!

Tschüss Colombia und Gracias für die vielen, vielen Eindrücke, für die unglaubliche Gastfreundschaft und die vielseitigen Erfahrungen.

Frühmorgens bekam ich noch ein Abschiedsgeschenk von Mutter Natur: Ein grünblau-schillernder Kolibri tanzte direkt vor meiner Nase auf und ab, grad so, als würde auch er „tschau" sagen wollen.

Und nächstes Mal werde ich aufpassen, was ich schreibe! Ich muss ja nicht selbst durch meine Flapsigkeit wieder in Unannehmlichkeiten manövrieren!

Mexiko

Gelandet in Cancun weiter nach Valladolid von da Ausflüge nach Ek Balam und zu diverse Cenote danach nach Ticul. In Ticul Ausflüge nach Kabàh, Sayil und dann Labna und wieder ein Cenote, dann nach Palenque, über Emilio Zapata danach San Christobal von da nach Tazajlia

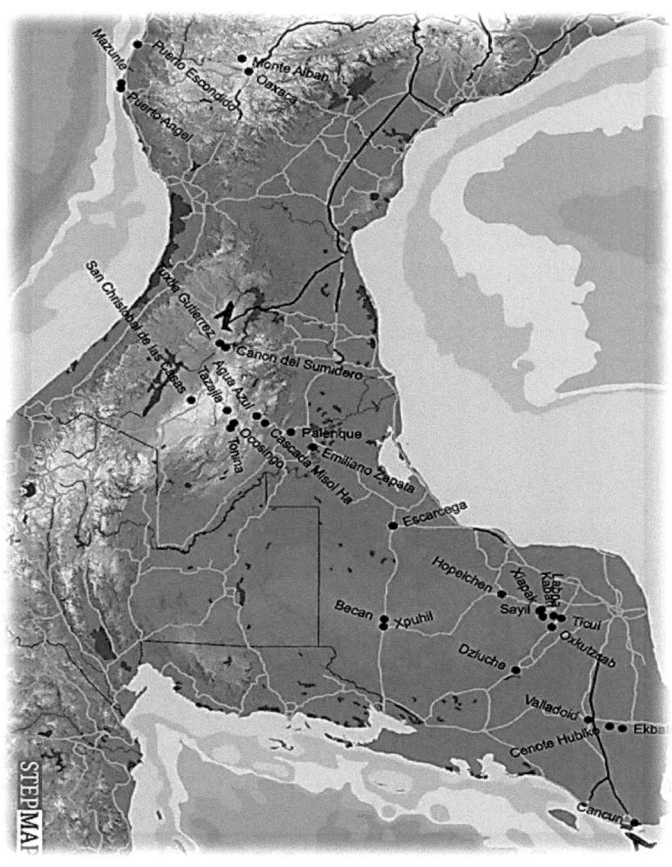

Ankunft in **Cancun.** Ich bemerke sofort: dieses Land duftet anders, - und die Atmosphäre ist leichter, beschwingter. Liegt vielleicht an... „wasweißichwas".

Jedenfalls gefällt mir Mexico auf den ersten Blick. Bei der Einreise wollten sie mir meine „heiligen" Federn abnehmen, die ich auf dem Hut trug - strenges Einfuhrverbot von Agrarprodukten! :-) Die Zollbeamtin aber sah meine traurigen Augen und hatte dann doch Erbarmen mit mir, besorgte einen Desinfektionsspray mit dem sie mein, mir so wichtiges Andenken, vorschriftsmäßig reinigte, so durfte ich mein schamanisches Souvenir dann zu meiner großen Freude behalten... und hab das Geschenk der südamerikanischen Vögel zum Teil noch immer in meinem Fundus.

Das Hostal war super und so wollte ich zwecks leichterer Orientierung noch eine zweite Nacht anhängen, aber eine weitere Buchung war nicht möglich. Na ja, dann halt nicht, ich bin sowieso „meersatt", kann gut wieder Festland vertragen.

Also gleich auf nach **Ek Balam**, einer kleinen Ruinenstadt. Es ist der 21. März, - Frühlingsbeginn. Eine Lebensrückschau holt mich gedanklich ein... am 21. März 2013 hatte ich, mit Monika Görig und an die sechzig weiteren Gleichgesinnten, aufgrund einer Anregung in dem Film „das blaue Juwel", den zweiten von später insgesamt fünf Steinkreisen als Kraftplatz der Lichtstadt Steyr in Oberösterreich gelegt und mit einem langen, intensiven Ritual eingeweiht. Jetzt, fernab, spüre ich immer noch Dankbarkeit, dass dies geschehen durfte.

In Chichén Itzá war hier gerade ein kleiner Tornado an der großen Pyramide aufgetaucht... an der Pyramide! Tausende Menschen beobachteten ihn, ich dagegen war fast allein in Ek Balam.

Ich habe dann in einem kleinen Dorf übernachtet und bin in das einzige Restaurant essen gegangen.

Was für ein Geschmackserlebnis!

Ich wusste gar nicht mehr, wie gutes Essen schmeckt. Die Küchen von Peru und Kolumbien sind ja nicht gerade der Hammer. Das Fleisch meist verbraten, sodass man es als Schuheinlage verwenden könnte. Die Beilagen möglichst "natur", - also ungewürzt und deshalb machten meine Geschmacksnerven plötzlich einen Glücks Hüpfer.

Ich entschließe mich eher die nicht so berühmten Bauten anzureisen. Einerseits weil ich Touristen Zentren meiden wollte, andererseits wegen des Geldes. Es gab kaum

Touristen und dadurch nur zwei bis drei Führungen pro Tag.

Ich habe mich dann zurückgezogen und ein kleines Medizinrad aus den dort herumliegenden Samen-körnern,- und Schoten gelegt, getrommelt und gesungen. Da war wieder ein Stück Frieden in mir eingekehrt. Ich hatte im Grunde Heimweh und war reisemüde. Wahrscheinlich passierten mir diese Unpässlichkeiten wegen meiner Reiseunlust.

Ein Teil von mir wollte nicht mehr.

Beim Zurückwandern begegneten mir einige Leguane unterschiedlicher Größe und auch viele Vögel. In der Cenote der auf meinem Weg lag, bin ich diesmal sogar freiwillig schwimmen gegangen. Es ist ein dolinenartiges, wassergefülltes Kalksteinloch, von denen es über 10.000 gibt. Sie entstehen, wenn Höhlen im Kalkgestein ausgeschwemmt werden, einbrechen und dadurch die darunterliegenden, unterirdischen Süßwasserläufe plötzlich auch oberirdisch sichtbar werden.

Man vermutet, dass das einst die wichtigsten Wasserquellen der Mayas gewesen sind, - ich war beeindruckt. Das Wasser rein und klar! Superschön, mit vielen kleinen Welsen darin.

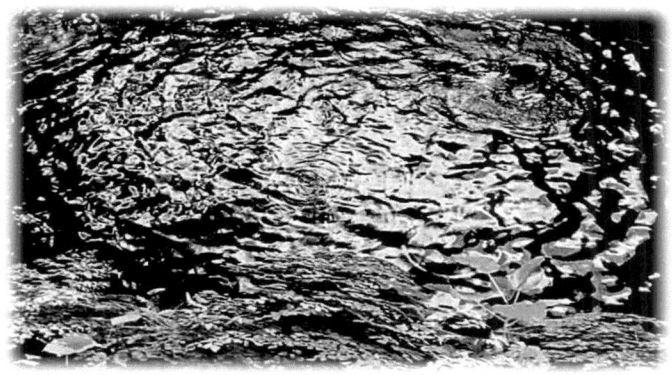

Als ich in **Valladolid** zurück war, beschloss ich zwei Tage zu bleiben.

135

Ich traf ein paar nette junge Menschen im Hostal und ging abends in den Stadtpark. Dort beobachtete ich eine Vorstellung des rituellen Ballturniers. Anders als bei uns musste der Ball nur mit dem Körper in ein kleines an der Mauer angebrachtes Loch geschossen werden. Was mit den Mannschaften danach passierte... ist noch immer ein Rätsel. Die Einen meinen der Verlierer verliert nicht nur das Spiel, sondern auch seinen Kopf. Die Anderen meinen die Gewinner. Und ein Guide erzählte, dass der Oberste ihn verliert. Auf alle Fälle ein kopfloser Sport. Nächsten Tag war ein Cenote-Besuch am Plan. Zu Fuß ca. fünf Kilometer weit, sollte einer der Schönsten sein. Der Weg dorthin war jedenfalls nicht so... eine Müllhalde nach der anderen.

Abends verbrachte ich bei einer Lasershow. An einer Klostermauer wurde die Geschichte von Mexiko projiziert und mit Musik untermalt.

Tags darauf änderte ich überraschend meine Reiseroute
...

...**Ticul** hatte ich spontan auserkoren,... ein kleiner Ort, in dem ich mich gleich heimisch fühlte.

Der Vermieter brachte mich zu einer unbekannten Cenote. Er ließ mich in der Wildnis aussteigen und meinte, den Weg entlang. Eine vier bis fünf Kilometer lange Gerade. Schnurstracks immer geradeaus, kein Mensch, kein Auto und da sah ich einen Kojoten (nur kurz, denn er sah mich auch).

Im Bereich der Cenote selbst gab es viele Schwalben und Bienennester. Es sind kleine Abejas, also Bienen ohne Stachel. Diese bauen auch keine Waben, allerdings ist der Honig sehr lecker... und immer, wenn die Bienen ausgeschwärmt waren, haben sich die Schwalben an ihnen gütlich getan. In der Cenote selbst bewegten sich Taucher und erforschten die Unterwelt.

Der Rückweg gestaltete sich wieder einfach. Daumen raus zum Autostopp, um bis zum Collektivo zu kommen, dort konnte ich dann den Autobus nutzen.

Heute war ich bei drei Ausgrabungsstätten. Wieder mit den Collektivos unterwegs nach **Santa Elena**, danach hieß es warten... warten... bis in der nicht gerade belebten Straße überhaupt ein Auto vorbei fährt. Nach einer gefühlten Ewigkeit bleibt ein Laster stehen, der mich nach **Kabàh** bringt, in eine der bedeutendsten Maya-Ruinen im mexikanischen Bundesstaat Yukatan. Dort wartete ich den passenden Moment und eine vermeintlich geeignete Stelle ab, um meine Trommel auszupacken. Der auserwählte Platz ist eine Säule in einem Quadrat mit vier Zugängen, die an den vier Himmelsrichtungen ausgerichtet sind.

Bei meinem Ritual begann ich mit der Tabakgabe für die Elementarkräfte, dann begann ich zu trommeln und zu singen. Als ich Richtung Westen stand, wurde ich dann von einer Aufseherin gestört und strikt des Platzes verwiesen. Dies ist verboten. Keine Musikinstrumente. Ich diskutierte ein wenig mit ihr, aber nur halbherzig, da ich eigentlich wusste, dass dies sinnlos ist. Sie wich tatsächlich nicht mehr von meiner Seite.

Gegenüber, auf der anderen Straßenseite, war noch eine zerfallene Pyramide, dort traf ich auf ein mexikanisches Ehepaar, die mich fragten: „Porque este cantate? Es un tradicion de indigenes de Apachi? Gustiamos mucho." - Warum singst du das? Ist das aus der Tradition der

Apachen? Uns hat es sehr gut gefallen. Und schon bahnt sich mit den beiden ein längeres, angenehmes Gespräch an. Sie nehmen mich die ganze Route mit, erst kam **Sayil** und dann **Labna**.

Labna ist wirklich sehenswert und kein Mensch dort. Diese weite Anlage inmitten von prächtigen Bäumen und die prächtigen Steinreliefs an den Gebäuden.

Nur das Zirpen der Zikaden und das Rauschen des leichten Windes waren zu hören. Sie fahren mit mir bis in eine Stadt, wo ich einen Bus retour nach Ticul habe. Sie geben mir noch ihre Telefonnummer und laden mich ein, sie zu besuchen. MUCHAS GRACIAS JUAN Y ISABELL!

... Ahja, bevor ich es vergesse: Ticul ist die Stadt der Schuhe! Allein in einer relativ kurzen Straße habe ich 30 (!!!) Schuhgeschäfte gezählt! In der Nacht gehört die Stadt den Hunden, sie ziehen streunend, bellend, raufend und bumsend durch die Straßen. Von den drei Nächten konnte ich nur eine durchschlafen.

Die Weiterreise gestaltete sich dann etwas schwieriger, da niemand von den Busgesellschaften wusste, wie ich nach **Xpujil** (Ischpujil gesprochen) komme. Der Hotelbesitzer gab mir zwar einen Tipp, der auch bis **Hopèlchen** gut funktionierte. Dann aber steckte ich 11 Stunden fest. Kein Bus fährt mehr. Ich vertrieb mir die Zeit durch den kleinen Ort zu schlendern und dabei Wandbilder zu enddecken, zu essen und in der Busstation auszuruhen.

Die Fahrt mit dem Bus verlief durch einen Nationalpark, wo uns ein Tapir über den Weg spazierte. Der Busfahrer blieb stehen, sogleich entstand im Bus Aufregung. „Un Tapir!" ...dem Tapir hingegen waren wir ziemlich egal. Er blieb stehen und musterte den Bus.

Bis ich das Handy endlich heraussen hatte, war er schon wieder weg. Ich kam um Mitternacht in Xpujil an. Die

Pension war einfach, durchwegs sauber und die Besitzerfamilie sehr nett. Zunächst wurde ich mit touristischen Angeboten überhäuft, die ich allerdings ablehnte. Am Morgen mietete ich mir ein Fahrrad, um zu den Tempelanlagen, die 7 km entfernt sind, zu kommen. Kurz vor den Tempeln von **Bacàn** sah ich eine grüne Wurzel auf der Straße liegen ... bis sie anfing sich zu bewegen! Mein erster Impuls war, schnellstens das Weite zu suchen. Der zweite, umzudrehen und zu beobachten. Das grasgrüne Reptil war zirka zwei Meter lang und hatte einen Pfeilspitzenkopf ... mir stockte der Atem. Dennoch erfasste ich intuitiv sofort, dass es ein wahrhaft großes Geschenk war, wie sich die Schlange mir in einer ungefährlichen Situation zeigte. Sie schlängelte sich über die Straße und verschwand in der Böschung. Ein Foto gelang mir erst als sie halb weg war. Beim Recherchieren war es eine mexikanische Papageienschlange, die ungiftig ist.

Bacàn

Auf der Pyramidenspitze verbrachte ich eine Zeitlang meditierend und es zeigten sich mir vor meinem inneren Auge Bilder von mir mit einem Umhang aus Pfauenfedern ... so, als hätte ich hier schon einmal gelebt. Nach meiner obligatorischen Tabak-Opfergabe schritt ich bedächtig nach unten, um ein Ritual durchzuführen. Der Wind berührte mich dabei, so, wie ich es auch heute wieder erlebe.

Der Platz fühlte sich heimisch und vertraut an. Dann zeigte sich sehr nahe ein Adler, der pfeifend mit mir korrespondierte und seine Kreise über mir zog. Diese Erinnerung berührte mich sehr intensiv, stark, wohltuend, vertraut...

In der Mitte der Anlage befindet sich ein Ritualplatz, der Ku'u'ku'laan, der gefiederten Schlange, dem Gott des Windes, gewidmet ist... sehr passend... zunächst zeigte sich die Schlange... dann der Adler... zu meinem Flashback... Als ich sehr berührt und erfüllt die Tempelanlage verließ, begegnete mir noch ein Eichhörnchen. Danke, für diese unglaublichen Erfahrungen und beeindruckenden Geschenk aus der Tierwelt.

Nach einer nötigen Siesta ging ich in den Tempel **Xpujil**, der sich gleich gegenüber von meiner Bleibe befindet.

Da geschah eine unerklärliche Zeitverschiebung,... ich vermutete, nur eine halbe Stunde hier gewesen zu sein, die Uhr aber zeigte zweieinhalb Stunden an! Inzwischen war die Öffnungszeit des Tempels und der gesamten Anlage verstrichen, und somit auch das Eingangstor verschlossen. Folglich musste ich wie ein Bandit über den Zaun ins Freie klettern... dennoch, oder gerade deswegen, ein Tag voller Geschenke und besonderer Ereignisse.

Die Weiterreise führte mich nach **Palenque** (ich weiß erst seit heute, dass es diesen Ort gibt, hab ihn zufällig beim Frühstück aufgeschnappt und da er schon mal am Weg liegt...). Der Bus hatte Verspätung und ich kam erst nachts bei einer Abzweigung an, wo ich dann wahrhaft nicht mehr wusste, wie ich da weiterkommen sollte. Na ja, dachte ich, dann bitte ich einfach meine geistigen Führer um eine „Mas rapido y mas economico pasage", also um eine schnelle und billige Passage/ Fahrmöglichkeit. Ich war nicht der Einzige der ausstieg, sondern gleich auch eine vierköpfige Familie. Da kam auch schon ein junger Mann auf mich zu und sagte: "Ahora no combi. 250.- Pesos por transporte." (jetzt gibt es keinen Kombi mehr. Der Transport kostet 250.- Pesos.) „No hay otra posibilidad." (es gibt keinen andere Möglichkeit) Bevor ich zusage, kommt der Gedanke „Warte ein bisschen..." der Familienvater kommt nun auch zu mir, ob wir uns den Preis teilen könnten. Das klingt schon besser. Ich wartete noch ein wenig, plötzlich kamen noch mehr Leute und der Combi füllt sich mit 8 Personen. Letztendlich kostete die Fahrt 30.- Pesos. Danke, ihr hilfreichen Kräfte!

Die Ruinas de Palenque sind beeindruckend. Nach einem Tag am Pool (oder waren es zwei?)... es waren zwei. Einen Tag war ich am Fluss und hatte eine Begegnung mit einer Horde Brüllaffen fuhr ich zu den Ruinas und wollte vorher Tabak kaufen. Also eine Packung amerikanische Zigaretten.

Am Eingang traf ich einen Ureinwohner, der mir Naturtabak anbot. Ich schenkte ihm die Zigaretten und kaufte dafür etwas billiger die Zigarillos.

Es nieselte und darum beschloss ich eine anzuzünden, zuerst mich damit zu reinigen und dann den Rauch in die vier Himmelsrichtungen zu blasen. „NO FUMARE!" schrie schon ein Wärter. Okay-okay, gar nichts darf man hier machen, machte die kleine Zigarre aus und verstreute den Tabak, ohne ihn anzuzünden. Sie passen gut auf ihr Erbe auf. Später begegnete ich noch einem Papagei der genüsslich vom Mangobaum naschte (der Papagei weiß, dass er schön ist, er zeigte sich mir in allen nur erdenklichen Posen).

Tags darauf stand die Weiterfahrt nach **San Christobal** auf meinem Programm. Ich stellte mich auf zwei/drei Stunden Busfahrt ein, da die Internetrecherche zirka 185 km angab. War aber nichts. Die Reise ging über drei Ecken und dauerte ganze acht Stunden! Anstatt am Nachmittag anzukommen war es Nacht.

Ich ging zum Hostal, bezog das Zimmer und spazierte noch ins Zentrum. Am Rückweg spürte ich plötzlich massive Schmerzen in meinem rechten Bein. Ich konnte kaum noch gehen. Der Fuß und die Zehen waren eiskalt. So nahm ich nächsten Tag eine Bauchspritze, die ich vorsorglich aus Österreich mitgenommen hatte. Ich hatte vor einem Jahr eine Bypassoperation im rechten Bein.

Dann spazierte ich gemächlich zu dem Museum für Maya Medizin. Dort fragte ich, ob es hier in der Nähe einen Heiler gäbe. „Mañana a las 9 a.m. es un Curandero aqui" (Morgen um neun ist ein Heiler hier.) Zufälle gibt es… ich schleppte mich wieder zurück und ging ins Bett. Es war ein Vierbettzimmer mit voller Belegung. Junge Männer, - zwei davon hingen an den Laptops, der andere am Handy. Es waren ein Deutscher, ein Asiate und ein Holländer... Kommunikation... ähhh... Keiner von den dreien hat ein Wort gesprochen, mir war`s recht, ich wollte das Eis auch nicht brechen. Am nächsten Morgen habe ich mich zum Schamanen aufgemacht. Es warteten schon drei Personen auf seine Behandlung.

Nachdem er mich kurz angehört hatte, schickte er mich mit dem Auftrag, zwei Alpakas und ein Ei zu besorgen, gleich wieder weg. Sofort entstand in mir das Bild von Alpaka Föten, die ich öfters in Peru gesehen habe. Also, das kann ja heiter werden.

Ich fragte mich durch den Markt. Die meisten schauten mich komisch an, als ich sagte: donde hay Alpacca para limpieza) Bis eine Frau mir antwortete: „en la otra esquina"(an der anderen Ecke). Da stand ich dann in der Kräuterecke. Wieder fragte ich und der Mann deutete auf die grünen Buschen vor mir.

Kräuterbuschen - Abaca - 10 Peso für zwei Bündel. Ich habe dann noch ein Ei gekauft und bin zurück zur „Schamanenpraxis". Benito bat mich zu ihm. Er führe mich zu einem Altar. Vier große Kerzen brannten bereits.

Acht weitere kleine Kerzen stellte er in einer Reihe auf, die ich dann entzünden musste.

Markt in San Christobal

Er sprach Gebete und Anrufungen, darin eingeflochten waren mein Name und der Name meines Heimatlandes. Dann begann er mit den Kräutern über meinen Kopf und über den ganzen Körper zu streichen. Immer wieder auf mayanisch betend, wovon ich nur meinen Namen und Austria verstand. Wir knieten erst beide, dann stand er auf und machte das Gleiche im Rücken. „Listo"- fertig. Un male energiea, un male viberation (eine schlechte Energie, eine schlechte Vibration). 70 Pesos verlangte er für diese Behandlung. Ich hatte nur 100 in Papierform eingesteckt, das entspricht nur ca. 4 Euro. Also gab ich ihm alles und schenkte ihm noch eine dieser Naturzigarren aus Palenque, die er sofort probierte.

Cañón del Sumidero

Dieser Tag verlief dann auch durchwegs leichter, schmerzfrei(er?) für mich... So buchte ich am Abend noch eine Tour für den nächsten Tag... Bootsfahrt in den Cañon... kaum hatte ich das getan, wurde ich von Marzo, einem Schamanen der Maya-Tolteken Kultur, kontaktiert.

Agustin de Armenteras, den ich von Österreich kenne, hat dies eingefädelt. Er hat mich eingeladen zu ihm zu kommen, da er am nächsten Tag in sein Haus zurückfahren würde. Das ist dumm gelaufen! Denn ich kann ihn jetzt leider nicht treffen, da ich schon die nächste Tour und das Zimmer gebucht habe. Sch...ade. Er gab mir seine Adresse und meinte, ich könnte ja am Sonntag nachkommen. Tags darauf machte ich die geplante Tour in der Touristenklasse und sie war wunderschön!

Ich sah vier Meter lange Krokodile und Affen, die sich von Bäumen hängen lassen. Dann lauschte ich der

Geschichte von einem Stammesvolk, das vom höchsten Punkt der Landschaft, gemeinsam tausend Meter im freien Fall gesprungen sind, als die Konquistadoren sie versklaven wollen. Gut 15.000 Kinder, Frauen und Männer sind gesprungen, haben lieber den Freitod als ein Leben in Knechtschaft gewählt.

Nachmittags um vier Uhr war ich dann fix und fertig.

Ich war zurück in meinem Quartier und brauchte eine Pause! Ich googelte die Adresse von Marzo: vier Stunden Fahrt... nein danke. Ich wollte lieber bleiben, wo ich war... ein bisschen spazieren gehen, ein bisschen Essen und viel Schlaf. Gesagt getan, am nächsten Tag habe ich mir gleich die zweite Bauchspritze in den Oberschenkel gegeben, habe mich geschont und getrommelt, - ... die Mädels im Hostal sangen dazu und waren von meinem Tun angetan.

Am darauffolgenden Morgen fühlte ich wieder mein Eisbein ohne Sauerkraut, - dort allerdings war mir nicht zum Scherzen zumute, und ging zum Arzt. Mein von zuhause bereits vorsorglich mitgenommenes „Lovenox", ein Medikament, das Blut verdünnen soll, hatte ich bereits aufgebraucht. Ein Glück, dass die Ärztin es mir auch anstandslos verschrieben hat, allerdings war es in keiner Apotheke zu bekommen. Sch....ade! Dann also liebe Spirits, schickt mir jetzt etwas, was ich wirklich brauche und mir in dieser prekären Situation hilft! Zurück zu Tante Doktor. Als ich gerade um die Ecke bog, stieß ich fast mit Marzo, dem Schamanen zusammen. Offenbar wurde mein Flehen erhört! „Como estas?" (Wie geht es dir?) Kurze Erläuterung von mir und er wiederholte die Einladung. Um 5:30 würde der Bus abfahren und es wären keine vier Stunden, sondern nur ca. zwanzig Minuten mit dem Collektivo. Nun, zwanzig Minuten wollte ich meinem Bein zumuten. Aber es waren dann doch eine ganze Stunde! Aber ich habe sie überstanden. Dort angekommen meinte er, ob es okay wäre, wenn ich 250.- Pesos für den Aufenthalt pro Tag bezahle, beinhaltend wären Essen, Schlafen und 'Hospital".

Er bot mir auch verschiedene Therapien an und zwei Mal die Teilnahme an einem Schwitzhüttenritual. Wunderbar! Ich nahm also das Angebot an. Es war ein schöner, friedlicher Ort mit netten Menschen, - einfach zum Wohlfühlen.

Also, wenn ich von Guatemala zurückkomme, dann bleib ich da sicher noch ein Weilchen. Dann kann auch Karin, meine erst vor wenigen Monaten frisch angetraute Frau, für zwei Wochen aus Österreich zu mir kommen... juchuuuu! Vorfreude macht sich bereits breit, denn die Sehnsucht nach ihr und nach zuhause werden immer spürbarer. Vielleicht will mir das schmerzende Bein das auch sagen.

Gästehaus von Marzo

Am ersten Tag habe ich fast nur geschlafen, dazwischen etwas getrommelt und mir zwei Tinkturen gekauft: Zeder und Kurkuma. Davon sollte ich drei Mal täglich 15 bis 20 Tropfen einnehmen. Am Ende dieses Tages war das Bein besser. Das gibt Hoffnung. Am zweiten Tag verdichtete sich die Information zu meinen Wurzeln. In letzter Zeit hatte ich das Gefühl, dass ich irgendwo in der Gegend bleiben möchte. Dieses dauernde Reisen, das ständige

Unterwegssein forderte meine ganze Aufmerksamkeit. Die vielen Eindrücke wollen verarbeitet werden und ich... ich möchte zur Ruhe kommen. Ich sitze lange am Bach. Das Rauschen des kleinen Wasserfalls inspiriert zum Trommeln und Singen. Dabei meine kühlen Zehen in das kühle Wasser zu halten und dabei die Schmerzen wegtragen zu lassen, ist ein gute Vorstellung. Es tut einfach gut, lausche den Vögeln, lausche dem Wasser und komme immer mehr in mir an. Dazwischen immer wieder ein kleines Nickerchen, das mir sehr guttut, mich sehr entspannt.

Ich war bisher immer nur zwei bis drei Tage an einem Ort, dann zog ich wieder weiter... Mittlerweile habe das Gefühl, mir fehlt etwas Heimat. Ich erinnere mich gerade an Hermann Hesse: „Heimat ist nicht da und nicht dort, sondern Heimat ist in dir innen." Da schwappten doch glatt ein paar Tränen über, ich ließ sie über meine Wangen runterlaufen. Trauer kommt und geht.

Am Abend gabt es eine Temascal, eine Inipi Zeremonie, eine Sweatlodge... dies sind die unterschiedlichen Bezeichnungen für das, was wir hierzulande als Schwitzhütte kennen. Bevor es begann, bekam ich noch einen Jaguarjade-Stein von Marzos Bruder Joc geschenkt.

Steine sind unserer ältesten Verwandten, denn sie sind am längsten auf dieser Erde. Ich bin ein alter Steine Sammler und wenn es irgendwie möglich ist, nehme ich sie mit. So gesehen bin ich steinreich. Jade war bei den Mayas ein sehr begehrter Schmuckstein und Jaguarjade ganz besonders. Er ist grün gesprenkelt, wie das Fell eines Jaguars und ich spüre seine Kraft, wenn ich ihn in der Hand halte. Dort blieb er auch während des Rituals. Jade dient zur Selbsterkenntnis und seine Schwingung hilft bei der Erfüllung des eigenen Lebens in Leichtigkeit, Liebe und Lebendigkeit. Außerdem lässt er sich gut schnitzen.

Schwitzhütte der Maya

Alles verlief anders, als ich es gewohnt bin und was mir vertraut ist. Ein Maya Temascal besteht aus drei Teilen. Eine Art Vorraum aus Holz, zum Umziehen und Aufwärmen gedacht. Dann schlüpfst du durch eine 1×1m große Öffnung hindurch in den eigentlichen, in diesem Fall, viereckigen Schwitzraum (es gibt in Mexico auch runde), der aus Lehmziegel gemauert ist. Der Eintritt ist nach Westen ausgerichtet. Auf der Ostseite ist eine Öffnung, die mit Steinen lose zugemacht ist. Dahinter brennt das Feuer und bringt die Steine zum Glühen.

Wir waren sechs Personen, drei Frauen und drei Männer. Wir begannen die Zeremonie draußen vor dem Eingang. Aus Steinen ist am Boden ein Innen- und ein Außenkreis gelegt, mit einer offenen Stelle zum Betreten. In der

Kreismitte brennt eine Kerze, Blumen im Wasserkrug zieren das Zentrum.

Marzo bringt Glut vom Feuer und wir betreten den Außenkreis, begrüßen die vier Himmelsrichtungen und die Elementarkräfte. Dann werden wir von ihm durch das Abräuchern gereinigt. Anschließend betreten wir den ersten Raum, den Umkleidebereich. Die Türe wird geschlossen und wir ziehen uns fast aus. Nur die Unterhose bleibt an und bei den Frauen auch das Oberteil.

Marzo schlüpfte als Erster durch die Öffnung ins Innerste der Sweatlodge. Das Ritual schreibt vor, dass er mit seiner Stirn den Boden berührt und murmelt: „Mitakuye oyasin" was so viel bedeutet, wie „mit all unseren Verwandten". Er bestimmt die Reihenfolge der Eintretenden. Ich kam als Letzter an der Reihe zum Niederknien. Alice, eine Israelin und ich sind für das Öffnen und das Schließen des niedrigen Ein- und

Ausschlupfs zuständig. Dann ist es finster, der Raum ist nur von den glühenden Steinen erhellt.

Ich höre nur das Plätschern des Wassers das Marzo über die heißen Steine gießt und das zischend verdampft. In dieser Dunkelheit hört man auch das Rascheln mit den Bananenblätter, um die Hitze zu verteilen... Mann ist das heiß!

Ganz anders als bei einer Inipi Zeremonie, ist die erste Runde am heißesten, da es keinen Nachschub an Steinen gibt. Also, runter mit dem Kopf, ehe die Haare abfallen und dein Gehirn zu kochen beginnt. Es sind fünf Durchgänge. Dazwischen wird der Eintritt geöffnet und frische Luft kommt herein. Jeder Durchgang steht für ein Element und der Letzte ist zum Danksagen.

Abschließend einen Hüpfer in den kalten Bach, Schmerz durchzuckt mein Bein und ich schaffte es gerade noch in mein Zimmer- ausgezogen, hingelegt, Nachmeditation gemacht... chrr... ich glaub ich war tot bis 10 Uhr morgens. Immerhin... das Bein ist besser, wenngleich es nicht ganz gut ist.

Heute schleife ich den Jade-Stein, den mir Joc vor dem Schwitzhüttenritual geschenkt hat, und ich poliere ihn auch unter seiner Anleitung. Zwei Stunden lang unter fließenden Wasser mit verschieden Schleifpapieren und am Schluss an einer Poliermaschine. Dieser lädt mich sogar zu einer Vier-Tages-Tour in den Dschungel ein. Ich brauche ihm nur die Fahrt, den Eintritt und seine Unkosten zu bezahlen. Er fordert für sich keinen Ausgleich, keinerlei Entschädigung. Er erzählt mir, dass er drogenabhängig war, bis ihn Marzo in eine Rehabilitionsklinik gesteckt hat. Heute ist er frei davon. Er ist glücklich mit dem, was er macht. Froh über seine

Frau und sein Kind und glücklich im Familienverband zu leben. Er braucht kaum Geld, das Nötigste gibt ihm die Natur.

Am Abend bekommt der Stein ein Loch, damit ich ihn an einem Lederband tragen kann … und ich erhalte dann noch eine Massage mit selbstgemachten Arnikasalbe von seiner Frau.

Von Marzo erfahre ich, dass es er öfters in Europa war und er beinahe in dieselbe Falle geraten wäre, wie viele indigene Schamanen, die sich in der Sklaverei des Geldes, der Macht und des Wohlstandes zu verfangen haben. Ihm ist dieses Schicksal zum Glück dann doch nicht widerfahren.

Er lebt heute glücklich und zufrieden, mit einer kleinen Menschengruppe auf diesem Grundstück. Sie wohnen hier gemeinsam und gehen ihrer Tätigkeit als Jadeschleifer und Schmuckhersteller nach. Sie alle leben fast ausschließlich von den Früchten der Natur: Bananen, Mais, Kartoffeln, somit müssen sie beinahe nichts zukaufen. Zeremonien hält er inzwischen nur mehr hier oder in der nahen Umgebung ab. Die Menschen kommen aus allen Teilen der Welt zu ihm, ohne dass er es forcieren würde oder besonderen Wert darauflegte. Er ist nicht auf sie angewiesen. Zurzeit leben auch sieben Extranjeros hier, also sieben fremde Menschen. Drei Mädels volontieren zusätzlich, das heißt, sie helfen ohne Bezahlung und brauchen im Gegenzug für die Unterbringung und die Verpflegung auch nichts zu bezahlen. Es gibt genügend zu Essen, - zum Frühstück z.B. Kaffee, frische Früchte und einen mit Wasser gekochten Haferflockenbrei. mittags eine reiche Gemüseauswahl mit Reis, Bohnen, Tacos und ev. Vollkornbrot. Es fehlte mir nichts ... außer meine Frau Karin und meine gesamte Familie.

Morgen setze ich mich in den Bus und fahre Richtung Guatemala. Ich hatte mit Karin vereinbart, dass sie 14 Tage lang mit mir durch Guatemala fährt und wir gemeinsam Urlaub machen.

Abstecher nach Guatemala und Heimkehr

Heute war die Einreise nach Guatemala. Ich war in den letzten Tagen leider einige Zeit nicht online und als das Handy wieder Empfang hatte, kamen die Hiobsbotschaften herein geploppt. Karin hatte sich Sorgen gemacht, nachdem sie mich bei mehrfachen Versuchen telefonisch nicht erreichen konnte, - so hat sie Interpol eingeschaltet, da ich in einer Gegend reiste, die wegen Entführungen bekannt war und ihren geplanten Flug zu mir erst mal storniert. Oh Gott! Welche Aufregung! Nun musste ich auf alle Fälle so schnell wie irgend möglich zur Polizei, sonst könnte es sein, dass ich auf der Grenze angehalten werde. So bin ich eben noch am selben Tag in **Tapachula** zur Polizeistation gegangen, doch dort wussten sie auch nichts und konnten nichts herausfinden. Ich wurde gelöchert, ob ich Krach mit meiner Frau gehabt hatte und ich sie deswegen suchte. „No, mi esposa está en Austria. Me esposa buscando a través de la Interpol (Nein, meine Frau ist in Österreich. Sie sucht mich über Interpol)". Nur Achselzucken auf allen Seiten. Freundlicherweise werde ich gefragt, ob ich Internet bräuchte, - nein, brauche ich doch nicht, habe ich ja eh. Es wurde mir geraten, bei Interpol anzurufen. Ich finde zwar eine Internetseite konnte auch die Vermisstenmeldungen durchschauen, aber ich war nicht dabei, weder in Mexico noch International. Dafür habe ich warme Chocolata und süßes Brot bekommen, wurde dann aber unverrichteter Dinge nach Hause geschickt. Dummerweise habe ich für die darauffolgende Nacht kein Zimmer mehr bekommen, so blieb mir nichts anderes übrig, als auf der Busstation zu übernachten.

Am nächsten Tag werde ich an der Grenze nach Guatemala von einem Mann empfangen, der mich durch die Passabfertigung begleitet. Ein Zweiter kommt dazu und sie fordern 400.- GTQ für den notwendigen Stempel von mir, damit ich die Grenze passieren kann. So viel habe ich aber nicht eingesteckt. Sie begleiten mich zum Bankomaten. Einer kommt in dem Moment herein, als die Scheine gerade aus dem Automaten kommen. Mit den Worten „rapido-rapido" greift er schneller zu als ich schauen kann, nimmt alles an sich und zählt das Geld. Ich hatte 2000.- abgehoben, als er mir den Rest zurückgibt, sind es plötzlich nur mehr 1200.- Ich sage ihm das. Protestiere ... zähle ihm die Summe vor und stelle ihn zur Rede. Er zählt sofort nach und meint dann, 400.- seien seine Provision. Als ich im Bus mit dem Pass einsteige, zähle ich nochmal nach und habe plötzlich nur mehr 800.- GTQ. Also 800.- für mich, 400.- für die Behörde und 800.- für die Betrüger.

Reingefallen!

Also schwöre ich mir jetzt, nie mehr wieder auf „schnell-schnell" zu hören, geschweige denn, mich antreiben zu lassen, denn jetzt warte ich schon eine halbe Stunde auf die Weiterfahrt mit dem Bus. Der erste Eindruck ist, Guatemala betrügt. Mal sehen, ob sie diesen Eindruck mildern können.

Der Eindruck bestätigt sich heute. Nach einer eher schlaflosen Nacht im Bus, kam ich in **Santa Elena** an. Mit einem Moto weiter nach **Flores,** einer kleinen Stadt auf einer Insel. Dort um sechs Uhr ermattet angekommen, fragte ich einen Mann auf der Straße, wo das Hostal "Maya pan" sei. „Si, conosco, come with me amigo. Mi Casa e tu Casa"... und er schleppte mich zu seiner Agentur ab. Wie lange ich bleiben wolle? Ein paar Tage eben. Daraufhin meinte er, es würden sich zwei Touren ausgehen. 40 Dollar für beide. Nein danke, ich wollte es mir noch überlegen. Wohin ich abreise. „Ah, Palenque, si, si. Bus ja. 750 .- GTQ." Ich protestierte: „No, 500.-„ weil ich im Vorfeld den Preis bereits in Erfahrung gebracht hatte. Er bot mir 30.- Dollar für beide Touren an. „Nein. Ich komme später wieder." Jetzt wollte er das Geschäft unbedingt machen: „25.- aber sofort!", sonst würde er es sich wieder überlegen. Also gut. Wieviel ist das in Quetzal? 230.- also gut. Ich bin nicht ganz mit mir zufrieden, denn eigentlich wollte ich das so nicht. Okay, listo (?), dann zeige ich dir Maya Pan... das war gleich dort, wo ich ihn gefragt hatte.

Ich habe mein Zimmer bezogen und habe versucht zu schlafen, aber der Ruheschmerz im Bein ließ es nicht zu. Außerdem beschäftigte mich der Wechselkurs. Ich habe nachgerechnet und bin bei 230.- Quetzal auf 30.- $ gekommen. Also war´s nichts mit langem Ausruhen. Ich bin dann noch einmal vorbei und habe mich beschwert. Pah! Das nützte nichts.

In der ersten Nacht in Flores, war ich die meiste Zeit am Bettrand gesessen, hatte die Füße fest auf den Boden gestellt und versucht, den Schmerz in die Erde zu leiten, bis ich nach hinten gekippt bin und ein wenig geschlafen habe.

Aus der Reise nach Tikal wird leider nichts. Ich kann mir nicht vorstellen, mit diesen Schmerzen ganze drei Stunden durch die Ruinen zu latschen. Stattdessen entschied ich mir dafür, die Füße lange in den See zu gehalten und auch ein wenig zu schwimmen. Später hatte ich in der Pharmazia ein Schmerzmittel gekauft.

Sollte ich tags darauf wirklich nach **Yaxha**? Eigentlich ist es nicht so weit. Ich wollte aber lieber allein gehen, um mein Tempo selbst zu bestimmen, obwohl der Führer im Preis inkludiert war. Doch er versprach mir hoch und heilig, dass er langsam gehen würde. Ich war einverstanden. Okay, er hat sich darangehalten.

So bin ich zu meinem Erstaunen dann tatsächlich drei Stunden lang tapfer durch die gesamte Ruinenanlage gelatscht. Ich war sogar beim anscheinend sehr berühmten Sonnenuntergang oben auf der Pyramide, wer hätte gedacht, dass ich das mit meinem kranken Bein meistere.

Nachts aber hat sich mein Ehrgeiz und Mut dann jedoch furchtbar gerächt ... Sitzen ging nicht, liegen ging nicht.

Ich probierte alles aus und bewegte mich bis zum Sonnenaufgang ständig nur zwischen Sitzen und Liegen, - ... trotz Schmerzmittel. Es war eine schreckliche Qual!

Am Morgen wollte ich schnell zum Bus. Bloß da war keiner. An der Busstation fuhren viele Kleinbusse ab, nur keiner nach Palenque. Ich bemerkte einen Mann, der die Busse und die Reisenden einteilte. Er sagte mir, es gäbe heute keinen Bus nach Palenque. Ich zeigte ihm mein Ticket, wobei er kopfschüttelnd und zornig erwiderte, dass er nur wegen mir einen Fahrer organisieren müsse. Eine halbe Stunde später kam dann ein alter Wagen angetuckert.

Auf nach Palenque. Wie lange es dauert? 3 Stunden… bis zur Grenze. Der Fahrer brachte mich noch bis zur Grenze nach Mexico, meinte aber, er kann nicht hinüber. Drüben wartet normalerweise ein anderer. Der ist aber bis jetzt nicht da. Wir warteten und der Fahrer versuchte den Agenturbesitzer anzurufen, der natürlich nicht zu erreichen war. Also gehe ich nach einer Stunde Wartezeit über die Grenze. Ich verspreche mir den Agenturbesitzer über das Internet ausfindig zu machen und ihn damit zu konfrontieren.

An der Grenzbeamtin komme ich nicht vorbei. „Woher sind die Federn an meinem Hut?" „Naja, aus Peru, Ecuador, Columbia, Mexico. Guatemala." Sie meinte, Agrarprodukte und tierische Produkte dürfen nicht eingeführt werden. Dann muss ich auch meine Stiefel da lassen – Res (Rind). Die Zollbeamtin in Cancun hat die Federn ja eh schon mit einem Desinfektionsspray besprüht. „Aqui no. Permitet" (hier nicht! Verboten!) Okay, wenn's sie es glücklich macht. Ich habe die Feder aus dem Hut genommen und da kam mein Freund Wind und hat sie ganz von selbst in México verstreut. Jetzt stand ich mitten im Nichts. Da kam ein Moto Taxi vorbei und bringt mich für 10.- Pesos in ein Fünf Personendorf und dort war niemand außer zwei Taxis. 20.- $ oder 500.- Pesos für das Taxi in den nächsten Ort. Ich fühlte mich ausgeliefert und willigte ein.

Während der Fahrt rechnete ich nach. 20$ sind 380 Pesos. Ich habe es ihm die Berechnung gezeigt und er hat anstandslos rausgegeben. Mit dem nächsten Collektivo nach Palenque 80.- Pesos, von Palenque nach Ocosingo 50.- und weiter zu Marzo, nochmal 70.- (insgesamt hat mich die Fahrt an die 1000.- Pesos gekostet). Ich habe dort übernachtet und bin erfrischt aufgewacht. Diese Gegend, der Kieferwald, die

169

ätherischen Öle, sie alle trugen zu diesem Tiefschlaf bei. Silvia, Marzos Frau, meinte es läge an den kleinen Blüten, die sich in der Nacht öffnen und ihren Duft verstreuen. Nach den letzten Vorkommnissen in Guatemala und ob meines Gesundheitszustandes, fasste ich in dieser Nacht den Entschluss so schnell wie möglich nach Hause zu fliegen.

Aufbruch nach Tuxtla, von dort geht ein Flug nach Cancun und dann ab nach Hause. Ich hatte kein Internet, auch nicht am Flughafen. Ich habe mir dann noch meine Simkarte aufgeladen und mir für den nächsten Nachmittag einen Flug nach München über Mexico City und Madrid gekauft. Es war drei Uhr morgens, als ich zur Flughafenambulanz ging. Schmerzerfüllt, mein Fuß war blau. Sie haben mir Medikamente gegeben, worauf es besser wurde. Ich freu mich auf zu Hause... auch wenn gleich darauf ein hoffentlich kurzer Kranken-hausaufenthalt folgt. Ich habe mir die ganze Nacht um

die Ohren geschlagen, bis ich um 5 Uhr früh einschlief...
und um 6:15 aufwachte... und meinen Flieger abheben
sah.

Stress tauchte auf, was mache ich jetzt... ich fragte am
Schalter nach... heute geht nur mehr am späten
Nachmittag ein Flug nach Cancun, aber ich könnte ja
auch nach Mexico City buchen und dort zusteigen. Also,
neuen Flug nach Mexico City gekauft (die Kreditkarte
funktioniert noch). Der Flughafen in Mexico City ist riesig
und mit meinen Füssen war es wirklich eine Qual. Ich
fand zum Glück einen Helfer, der mich noch fristgerecht
zu meinem Gate brachte. Drei Mal innerhalb des
Flughafens umsteigen und schnell, rapido die
Zubringerbahn wechseln und dann in das Flugzeug nach
Madrid zugestiegen. Die Wartezeit zwischen den Flügen
verbrachte ich in den Ambulanzen des jeweiligen
Flughafens.

Madrid - München war nur mehr ein kleiner Sprung und
ich werde Karin in den Armen halten.

Karin und ihr Sohn Benjamin holten mich am Flughafen in München mit dem Auto ab. Endlich zuhause in Königswiesen! Erleichterung tauchte auf und tiefe Dankbarkeit an meine Spirits, die mich nach Hause brachten und an Karin. In der Nacht kam der inzwischen vertraute Ruheschmerz wieder. Karin rief die Rettung und nächtens noch ab ins Krankenhaus. Zum Glück hatte das gleiche Krankenhaus Aufnahme, bei dem ich ein Jahr zuvor wegen des Bypasses operiert wurde.

Sie erkannten die Dringlichkeit und wurde am Morgen gleich operiert...

Die erste Operation verlief nicht so zufriedenstellend, so musste ich ein zweites Mal unter das Messer, so dass ich insgesamt drei Woche im Krankenhaus stationär war. Von der vielen Herumliegerei fiel der Bart ab.

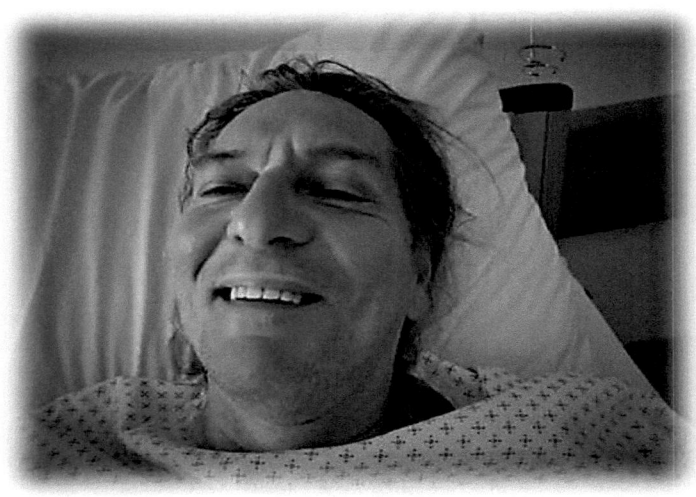

Die Ärzte verschrieben mir viel Bewegung, vor allem Spaziergänge. Aber das Gefühl war, in Mexico ist noch was offengeblieben.

Da es jetzt Frühling war, durfte ich die Schönheit der Natur bei uns zu Hause wieder neu entdecken. Herrlich, wie die Bäume blühten und die Luft mit ihrem Duft erfüllten.

Mexico Teil 2

Und der Versuch etwas nachzuholen

20. Oktober 2020 - Abflug von München nach Amsterdam und weiter nach México City bis nach Tuxtla. Zum Glück hatte ich eine Maskenbefreiung. Auf dem Flughafen in Mexico City hat sich ein Bild einer jungen Familie eingebrannt. Er, Mitte 30, im tiefblauen Anzug mit Maske und Handschuhe, ebenfalls in tiefblau. Sie, vermutlich 30, in einem roten Hosenanzug mit dazu passender Maske und Handschuhe. Ein Mädchen, 11 oder 12 Jahre, in einem rosa Kleid, mit Maske und Handschuhe in rosa und der Sohn ca. 8, in Hellblau gehaltenen Anzug, detto mit Maske und Handschuhe. Corona-Maskerade!

Beim Weiterflug nach Tuxtla, war ich der einzige ohne Maske in einem kleinen Flieger. Die Frau neben mir bekam Angstzustände und bat die Stewardess um einen anderen Sitzplatz. So hatte ich auch mehr Bewegungs-freiheit.

In **Tuxtla** herrschte ein kriegsähnlicher Zustand, an jeder Ecke bewaffnete, in Schutzkleider gehüllte Menschen. Beim Ausgang wurde alles und jeder desinfiziert und fiebergemessen. Warum ich keine Maske trug? Fragte mich eine Beamtin. „Ich bekomme Panikattacken, weil ich beim letzten Aufenthalt geknebelt und entführt wurde!" Sie zeigte großes Verständnis. Manchmal ist eine unwahre Geschichte sehr nützlich.

Mit dem Taxi dann in die Stadt und zunächst 2 Tage im Hotel mit Pool herumhängen und die Stadt ein bisschen erkunden.

Mein Hostel in Tuxtla

Einkaufen oder Essengehen ist etwas schwierig, überall wird Fieber gemessen.

Danach ging es mit dem Collektivo weiter nach San Christobal, da blieb ich, bis ich Kontakt mit Marzo bekam. Beim Schlendern durch die Stadt traf ich immer wieder auf eine Gruppe von weißgekleideten Menschen, meist barfuß. Der Ältere kam mit mir ins Gespräch. Er meinte er gehöre zu dem fast ausgestorbenen Stamm der Chiapas. Band mir ein Armband aus winzigen Samen um und segnete es.

Marzo und ich verließen San Christobal und fuhren mit Collektivos über Oxchuc nach Tazajlia zu ihrer Community Ha´Omek´Ha. Silvian, Marzos Frau wartete bereits mit dem Essen. Gekocht wurde ausschließlich vegetarisch. Es hatte sich einiges verändert.

Marktplatz in San Christobal

Juc ist in den Dschungel gezogen und stattdessen wohnt eine Italienerin in Juc`s Haus. Der Sohn Manoa, wohnt mit Frau und Kind im Nebenhaus, führt ein strenges Regiment, während der Jüngere sich mit Drogen zudröhnt. Eine normale Familie eben.

Manoa weiß eine Menge über Pflanzen und deren Wirkung. Er verkauft Kakao, Vanille, Zimt, Mucuna und Achiote.

Er konnte lange und mit Begeisterung darüber erzählen, merkte aber nicht, wenn ich ausstieg, und ich musste es deutlich sagen, wenn es mir zu viel wurde. Dann kam James, ein Amerikaner hinzu. Er war mit seiner Situation überfordert. Sein Hund ist in San Christobal verschwunden und sein Auto wurde mit samt seinen Papieren abgeschleppt.

Kochstelle in Marzos Haus

Er traf Manoa in San Christobal, der ihn unterstützte. Allerdings bei diesen Behörden kann das dauern. James war bei einer Reihe von Projekten in den USA dabei. Wasser für die Apachen, heilige Stätten beschützen und beim Kampf gegen die Pipeline in Standing Rock. Beeindruckende Geschichten von Überwachung und Verfolgung. Deswegen ist er auch nach Mexico geflüchtet und wurde ein paar Mal von korrupten Polizisten bedroht und Geld erpresst. Dies alles trug zu seiner psychischen Konstitution bei. Er suchte Ruhe und Sicherheit.

Das Wetter war sehr nass, es regnete ständig und es war kalt. Die Taifune und Hurrikans wütenden in der Karibik und die Ausläufer spürten wir. In Cancun und in Teilen von Guatemala waren katastrophale Überflutungen an der Tagesordnung, sodass der Notstand ausgerufen wurde.

Ich entdeckte das Malen wieder und Marzo versank im Organisieren seines Cursus. Er eröffnete mir, dass ich als Unterstützer teilnehmen soll. In der Zwischenzeit machte ich zu Fuß kleinere Ausflüge. Einer der Schönsten war zu dem Cascada Xch áy ja´, dort konnte ich stundenlang verweilen.

Dschungel in der Nähe von Marzo

Ich fuhr nach Ocosingo und zu den **Ruinas von Tonina**. leider wegen Corona geschlossen und ich konnte den Wächter nicht überreden. Dazwischen eine Temascal Deluxe (wir waren zu viert) um uns zu reinigen und die nächste Reise nach Agua de Azul anzutreten.

Dort erwartete mich ein Agua de Gris, da auch hier der Fluss übergetreten war und Chaos hinterlassen hatte. Ein Mann erzählte mir, dass er in seinem Haus gerade kochte, als innerhalb von Sekunden alles einen Meter tief im Wasser stand und er zusah, wie sein weniges Hab und Gut durch die Türe verschwand. ich hatte wie immer zu wenig Geld eingesteckt, um hilfreich zu sein.

Zurück nach Tazajlia. Ich packte ein paar Sachen, um an die Pazifikküste zu fahren. **Puerto Angel** lachte mich an und ich bezog nach einigen Stunden Busfahrt ein Zimmer bei Gundi y Tomas. Endlich Wärme und Meerrauschen, schwimmen und genießen.

Mit dem Boot zu den Schild-kröten und zu verträumten Buchten. Diese Landschaft zauberte ein Grinsen ins Gesicht und ins Herz. Ich handelte mich von Zipolite und Mazunte schließlich nach Puerto Escondido.

In **Mazunte** traf ich Li, eine Chinesin, die in Deutschland aufgewachsen ist und dort als Yogalehrerin arbeitete. Li lebt seit einigen Monaten hier und gibt übers Internet Kurse. Sie lud mich zu einem Vollmondritual ein. Wir rauchten eine Pfeife miteinander, nicht ohne vorher die Kräfte einzuladen und mit ihnen den Tabak zu teilen. Die Mondin zeigte sich in voller Pracht.

In Mazunte gibt es ein Centro Mexicana Tortuga, um die Schildkröten zu schützen und sie zu vermehren.

In **Zipolite** fuhr ich mit einem Boot zu den Delfinen und wir entdeckten Wale. Mein Herz hüpfte voller Freude als ich sie längsseits von unserem Boot auftauchen sah. Der Bootsführer ließ mich ins Wasser und so konnte ich mit den Delfinen schwimmen. Ein bedeutsamer Augenblick!

In **Puerto Escondido** wartete ich auf den Bus nach Oaxaca. in der Zwischenzeit fuhr ich zur einer **Lagune Aguaje del Zapote**, die in der Nacht durch bestimmte Algen phosphoresziert. Nächtens in glitzernden Wasser schwimmen tut man auch nicht oft. Der Rücktransport gestaltete sich schwierig, da keine Busse mehr fuhren.

Ein Touristenbus erbarmte sich meiner und nahm mich nach Puerto Escondido mit.

Tags darauf nach **Oaxaca**. Der Transport erfolgte mit Kleinbussen. Leider war es sehr kalt und eng, so konnte ich mich wenig bewegen und dies merkte mein Bein sofort. Daraufhin habe ich mir eine durch-blutungsfördernde Salbe besorgt, die mir Linderung verschaffte.

Ich bin in einer Jugendherberge im Zentrum abgestiegen und traf dort auf Kurt, einen Steiermärker und verstand mich sofort mit ihm.

Nächsten Tag fuhren wir gemeinsam nach **Monte Alban**, eine der schönsten Ausgrabungsstätten in der Gegend. Wir mussten etwas warten, denn es durfte nur eine Anzahl von Besuchern hinein (Coronamaßnahme). Eine großartige Anlage mit vielen mystischen, hochenergetischen Plätzen.

Kurt war dermaßen ergriffen, dass ihn die Tränen übermannten. Wir waren lange dort, bis wir den letzten Bus gerade noch erwischten. Am Abend zurück stellten wir beide fest, dass wir einen Sonnenbrand hatten, obwohl es uns nicht warm vorkam. Wir genossen ein sehr gutes Essen am Hauptplatz.

Am nächsten Vormittag einen Marktbesuch, der sich lohnte. Ich kaufte für Karin eine Stola und für Thomas (meinen Sohn) ein Käppi. Schlendern durch die Altstadt und entdeckten ein wirklich nettes Restaurant.

Des Abends in der Herberge bekamen wir noch Gusto auf ein Bier. In der Straße war eine kleine Tienda. Beim Verlassen standen plötzlich zwei Gestalten vor uns. Kurt nahm gleich Abstand, während ich mich zu unterhalten begann, merkte ich das viele Blut und das offene Gehirn des einen und den offenen Armbruch des anderen. Sie wollten weder die Rettung noch die Polizei nur etwas Geld. Bekehren konnte ich sie nicht, also ließen wir sie so zurück. Kurt war geschockt, ich war als ehemaliger Rettungssanitäter gelassener.

Tags darauf verließ ich Oaxaca und fuhr über Tuxtla zu Marzo zurück.

Als ich ankam, war nur Manoa anwesend. Er erzählte mir von einer intensiven Reinigung der Leber, Nieren und Nebennieren. 6 Tage lang einen Liter frisch gepressten Apfelsaft über den Tag verteilt trinken. Kein Salz, keinen Zucker, kein Fett oder Öl, keine Weizenprodukte. Danach nimmst du 4 Teelöffel Bittersalz und löst es in einen Liter Wasser auf... Wer es genauer wissen will... Jedenfalls sollen sich Steine lösen... Ich bin gespannt. Es war ziemlich schmerzhaft und ich war völlig erschöpft, denn ich hatte die ganze Nacht hindurch Koliken. Nach dem Klogang im Freien wurden die Steine je nach Farbe beurteilt. Viele hatte ich nicht, allerdings die wenigen, hatten es in sich.

Dienstag war dann Silvian da. Und Mittwoch kam Marzo. Ich habe ihn schon gespürt, als ich zu einem Geschäft an der Straße ging. Ein Kleinbus voller Menschen kam gerade an und Marzo stieg aus. Er war nicht mal überrascht, mich zu sehen. Er bat um Hilfe und ich nehme ihm seinen Rucksack ab. Ein Nachbar kommt mit einer Scheibtruhe. Im Ha'Omek'Ha angekommen, wurden die Teilnehmer des WORKSHOP'S "Curso intensivo Temascal" begrüßt.

Am ersten Abend gab es eine Maya Temascal. Ich konnte nicht teilnehmen, da kein Platz mehr war. Aber die Instruktionen habe ich so recht und schlecht mitbekommen.

Am nächsten Morgen gab es eine Morgenmeditation. Zunächst sangen wir den Ton Ohm, danach in Verbindung mit einen Kehlkopfton.

Dabei hielten wir eine Jade Kugel als Symbol für die ungeordnete Energie in der linken Hand, in der rechten für die Struktur einen Würfel. Anschließend sammelten wir eher auf komplizierte Art und Weise Energie und gaben sie mit unserem Atem dem Nächsten weiter. Weitere Ausführungen der Maya Tradition folgten.

Nachmittags begannen wir mit dem Aufbau einer Lakota Sweatlodge. Und abends mit einer Pejote Zeremonie. Sie dauerte die ganze Nacht. Ich bekam einen Esslöffel Pejote Pulver in die Hand und ein Orangenstück. Runter damit. Ein bisschen erinnerte es mich, als wenn du Zimt isst, kaum zum Runterkriegen. Wir saßen im Kreis unter freiem Himmel, trommelten und sangen. Die Wirkung ließ nicht lange auf sich warten. Einerseits gab es halluzinogene Wirkung, andererseits auditive Wirkung. Alle Sinne waren geschärft. Bilder, wie ich es von Ayahuasca kenne. Ich sah, wie sich Zellen aus Licht formten, in frischen Grün mit hellen Gelb und Lichterfüllt. Ich badete im reinen, pulsierenden Chlorophyll. Verstärkt wurde es noch durch ein Sternschnuppen Spektakel, das in dieser Nacht angekündigt wurden. Die meiste Zeit stand ich fest verwurzelt in meiner Decke gehüllt und bewunderte diesen sternenklaren Himmel. Manchmal wurde ich abgelenkt von einem Mann, der sich in einen Jaguar verwandelt fühlte. Ich konnte ihn beim besten Willen nicht ernst nehmen. Wenn er mich an pfauchte, habe ich ihn hinter dem Ohr gekrault. So hat er auch die Aufmerksamkeit der Gruppe. Ständig reden und Heilungen vornehmen, meist ungefragt, war er mir manchmal lästig. Hin und wieder fordere er mich heraus, bis ich ihm die Fratze des Wolfes zeigte. Drei Mal habe ich länger getrommelt, gesungen und gepfiffen. Ich hatte mich dabei selbst überrascht, wie virtuos es klang. Ich blieb bis zum Sonnenaufgang stehen und begrüßte das erste Sonnenlicht.

Da begann ich zu sehen, wie sich die Sonnenstrahlen veränderten, sich zu Wesen aus Licht formten, mit diversen Lichtringen, wie du es vielleicht aus Büchern von Carlos Castaneda kennst. Es waren beeindruckende Ereignisse. Das hat über Tags noch angehalten. Immer wieder Illuminationen in verschiedensten Formen. Bei der Morgenmeditation die gleich ablief, waren die Ohm und Lolllaute intensiver, die Energieübung deutlicher erfassbar. Am Frühstückstisch wurde dann die

Erfahrungen ausgetauscht. Es trifft mich dann doch oft ins Herz, was andere wildfremden Menschen an mir sehen, beziehungsweise erkennen. Einer sah Grazy Horse stehen. Eine Psychotherapeutin meinte Jesus in mir zu erkennen und führte den Effekt anderen vor.

Anscheinend habe ich einen besonderen Blick... Von Marzo bekam ich eine Kette mit einem Jade Wolf Kopf. Und ich fand mein Spanisch wieder...

Am Abend wurde eine Kakao Zeremonie durchgeführt und nächsten Morgen um vier Uhr früh das Feuer für die Inipi Zeremonie entzündet. Der Vormittag war mit der Sweatlodge ausgefüllt. Nach der vierten Tür krochen wir alle heraus. Marzo meinte wir machen eine kurze Pause, um dann noch mal drei Durchgänge zu machen... stöhn. Aber danach in den Fluss. Nach dem Mittagessen gingen wir zum Wasserfall und führten ein Klärungsritual durch.

Wir stiegen bis zum Beginn des Falles hoch hinauf, begründeten einen Altar und Marzo reinigte uns mit Rauch und mit einem Bergkristall. Vor allem das dritte Auge, das durch die Taufe von den Priestern geschlossen wurde (meinte Marzo).

Wir besangen die Flussgeister und stiegen in ein natürliches Becken, um den Körper zu reinigen.

Zwei Teilnehmerinnen stürzten von der Brücke und hatten Quetschungen, eine am Arm die andere an der Schulter, die einverstanden war, dass ich sie mit einem Ohmlaut zu besingen. Der Schmerz verging rasch, tauchte aber geringer im Haus wieder auf. Jose, Marzos Bruder begann sie zu massieren und ich ging auf Abstand, da ich mich nicht mehr einmischen wollte... zu viele Köche verderben den Brei.

Am Morgen danach litten beide unter der Massage von Jose. Die übliche Morgenmeditation folgte und danach ein Verabschiedungsritual. Jeder Teilnehmer bekam einen Kelch zum Räuchern und eine Rassel.

James hat den Platz inzwischen verlassen, nicht ohne mir einen Türkis aus dem Grand Canyon zu schenken. Er meinte es ist für ihn zu unruhig geworden.

Am 21.12. wurde aus dem Treffen der Abuelos nichts. Einige wären auch von Guatemala gekommen und da herrschte noch immer Chaos. So entschlossen wir, Mateo, Enrique, Pedro und ich mit Mateos Auto nach Palenque zu fahren, wo ein Ritual stattfand. Trotz Eiltempo kamen wir erst um 17 Uhr an, als die ersten Abuelos den Platz verlassen hatten.

So gingen wir essen, auf ein Eis und auf ein paar Biere. Schliefen in Palenque und kehrten bei der Rückfahrt zu einem wunderbaren Wasserfall ein, der donnernd sich mit einem größeren Tümpel sich vereint. Dahinter gehend, verstand man sein eigenes Wort nicht.

Ich buchte den Flug kurzfristig um, da in Österreich am 26.12.20 der Lockdown ausgesprochen wurde und meine Bein noch immer schmerzte.

Mateo bot mir an, am 23.12 nach Tuxtla zu fahren und mir bei der Paketaufgabe behilflich zu sein. Allein hätte es nie geschafft und dann brauchte ich noch einen COVID Bluttest. Am Abend lud er mich zu einem „kirchlichen Fest" ein.

Fünf Männer versammelten sich über einer Autowerkstatt. Sie hatten eine Krippe aufgestellt und ansonsten eher eine eigenwillige Beleuchtung. Da floss Whiskey mit Sprite und der Jüngere wurde ziemlich bedrängt. Ich bin auf einer Schwulenparty gelandet. Als sie mich um meinen Namen fragten, meinte ich mit einer ausladenden Geste und weiblicher Stimme, ich heiße Michaela. Worauf ein Gelächter los und das Eis brach. Wir feierten bis spät in die Nacht und Mateo brachte mich in ein Hotel, mit Sexbildern an der Wand und im Fernsehen lief ein Pornokanal. Er verhielt sich sehr korrekt, da er inzwischen wusste, dass ich heterosexuell bin. Er hat dann im Auto geschlafen.

Am letzten Tag hat er mich in einem Einkaufszentrum abgesetzt, wo ich auf ihn zwei Stunden wartete, bis er mich zum Flughafen brachte.

Wir verabschiedeten uns aufs Herzlichste und ich verließ Tuxtla in Richtung Mexico City. Dort verirrte ich mich wieder und konnte mein Gate nicht finden, bis der hilfreiche, männliche Engel erschien, der mich zum Richtigen führte.

Am 25.12. wurde ich vom Militär in Wien unsanft empfangen. Wehe, wenn sie die Oberhand bekommen... trotz des Streits mit den Soldaten, habe ich meine Frau glücklich in die Arme genommen.

USA

Die heiligen Plätze der Firstnation mit Karin

Der Hinflug wurde gebucht. Den Rückflug hatte ich schon seit Kolumbien in der Tasche. Zwei Mal nach **Las Vegas**. Eine Internetfreundin von Karin hat uns eingeladen, sie zu besuchen, also auf in die Spielhölle. Selbst beim Aussteigen traf uns eine Wand aus Hitze, sodass wir sofort in Schweiß gebadet waren. Andrea hat uns abgeholt und zur Autovermittlung gebracht, wo wir unseren Kia Sportage bekamen. Klimatisiert fuhren wir in ihr kühles Zuhause. Wir kauften in den nächsten Tagen Kühltasche, Luftmatratze und andere diverse Dinge. Untertags war Las Vegas eine Geisterstadt, alles spielte sich in Innenräumen ab, erst Nächtens kam Leben auf die Gehsteige. Das Zentrum ließen wir unbesucht zurück. Dafür zog es uns nach **Red Rock Canyon**, ein Nationales Schutzgebiet. Früher „gehörte" das Land rund um Las Vegas den Southern Paiute, die Bauern und Jäger waren. Das Kriegsbeil ist zwar begraben, aber der Kampf um die Rechte der Natives geht weiter.

Gefühlte 40° im Schatten, machten uns das Erkunden der Gegend schwer. Allerdings war die Fahrt im Since Loop angenehm und wir konnten die Landschaft durch Stopps genießen.

Nach drei Tage Akklimatisierung fuhren wir Richtung **Grand Canyon** und am Hoover Damm vorbei.

Der erste Eindruck war berauschend, der Zweite und Dritte auch, überall diese tiefen Einblicke in die Vielfältigkeit der Mutter Erde. Erstaunlich ist, dass die durchschnittliche Besichtigungszeit der jährlich 5 Millionen Besucher nur 10 Minuten beträgt. Dabei könnte man mind. ein Lebensalter dort verbringen, denn besiedelt ist er seit 7000 Jahren, angefangen von Basket Maker über Anasazi, Hopi, Navajo, Havasupai, also nicht nur eine vielfältige Natur, sondern auch eine reiche Kultur.

Wir übernachteten im Auto, auf der Luftmatratze und hörten die Coyoten heulen. Am nächsten Morgen mit dem Shuttle Bus den Süd Rim entlang und es begegnete uns ein großes Wapiti Mädchen.

Die Ausblicke sind gewaltig, sodass wir uns nicht sattsehen konnten. Tags darauf besuchten wir Stätten der Alten Kulturen, wie diese beeindruckende Kiwa.

Ritualmaske der alten Pueblo Kultur

Im Grunde sind wir viel zu früh abgereist, aber wir waren etwas in Zeitnot. Wollten wir doch noch zu vielen anderen Plätzen. Durch das Monument Valley zur Mesa Verde, von dort nach Canyonlands und Arches. Danach Grand Teton Nationalpark, Yellowstone Nationalpark, Big Horn - Medicine Wheel, Devils Tower, von da zu den Black Hills, Pine Ridge, Badlands Nationalpark, weiter nach Niagara Falls, dann Rochester, um meinem Bruder einen Besuch abzustatten. Danach retour nach Chicago, also insgesamt 4500 Meilen und das in 30 Tagen. Ich verstehe, dass wir möglichst vieles sehen wollten, nur nochmals reisen wir nicht mehr so. Sondern ein, zwei Ziele und sich Zeit lassen.

Wir fuhren durch das Navajo Country mit seinen typischen Felsformationen des **Monument Valley** zu den **Anasazi**, ein Volk, welches durch ihr plötzliches verschwinden Rätsel aufgibt. Die gängigste Erklärung ist die, eines Raubbaus der Natur. Sie brauchten zu viel Holz und gefährdeten damit die Grundlagen der Tiere und auch die Eigenen. Verbunden mit einer längeren Dürreperiode und einer eventuellen Niederlage durch ein mexikanische Kannibalen, sind mögliche Erklärungen für das Aussterben. Sie gingen ins Nichts, woher sie auch kamen. Sie tauchten einer Legende nach als die Erde und die Zeit geboren wurde um 100 vor Christus auf und verschwanden 1400 Jahre später. Sie hinterließen vor allem ihre Bauten und Spuren ihrer Töpferkunst. Die

„alten Ahnen" wie sie von den Navajo bezeichnet wurden, waren vermutlich die Vorfahren der Hopi und Pueblos.

Sie verfügten über die höchsten Bauten, bis die Wolkenkratzer kamen. Wir hatten Petroglyphen an einer Felswand beim Wandern entdeckt und mehrere Tempelanlagen.

Wir reisten weiter zu den **Nationalpark Canyonlands** und den Arches mit der Vorstellung, wie es wäre dies als Ureinwohner zum ersten Mal zu sehen. Diese Grandiosität und Besonderheit. Der Dinosaurierabdruck…

…und das Winden des Green Rivers, diese Weite und Unendlichkeit.

Arches Nationalpark

Beindruckende Bauten, die da Mutter Natur mit Hilfe von Wasser und Wind gestaltet hat.

Der wohl berühmteste Bogen, im Arches Nationalpark. Durch eine Werbung mit zwei Ureinwohnern ist dieser zur Bekanntheit gelangt.

Wir sind anschließend von Moab über Grand Junktion und Rock Springs nach **Grand Teton Nationalpark** und Yellowstone Nationalpark gefahren. Geschlafen haben wir fast ausschließlich im Auto.

Im Teton Nationalpark war die erste Büffelsichtung, sahen Wapitis und waren über diese Mächtigkeit und Schönheit der Gegend erstaunt. Die Teton Sioux waren einst ein mächtiges Reitervolk und führten gemeinsam mit den Lakota unter Sitting Bull, Red Cloud und Crazy Horse einen Kampf um die Black Hills und um ihre Freiheit.

Wir waren **Yellowstone** sehr nahe, gespannt auf den im Jahre 1872 gegründeten ältesten Nationalpark der Welt. Wir kamen von Süden am U.S.Highway 191, durch eine schmalen Pass und unser Staunen wurde immer größer. Tiere, ohne Menschenscheu, sie wurden seit 150 Jahren nicht mehr gejagt, Wasserfälle in unterschiedlichsten Größen und Stärken. Wir folgten den Lewis River, bestaunten die Moose Falls, Lewis Canyon Falls, die Lewis Falls, blieben auf der 191ten bis zum Old Faithfull, der verlässlich dampft alle 60-90 Minuten.

Excelsior Geyser Crater, Grand Prismatic Spring (es gibt über 300 Geysire im Park), folgten den Firehole River mit Bison Kontakt. Immer wieder lagen sie in der Nähe der Straße und wir wagten und bis auf drei/vier Meter heran.

Zu den Mammoth Hot Springs Sinter Terrassen, die wie aus einer anderen Welt wirken.

In **Mammoth Hot Spring Village** liefen eine Herde Wapitis durch den Ort und grasten friedlich. Der Hirsch schaute bombastisch aus. Die Ranger schirmten die Herde ab, damit sie von den Neugierigen Ruhe hatten. Tags darauf folgten wir der Grand Loop Road zu den Tower Falls und um einen Blick in den Yellowstone Canyon zu erhaschen mit dem Blick auf die Upper Falls.

Der Yellowstone war bei den Natives zum Teil wegen seiner Geysire gefürchtet zum anderen Teil als Zufluchtsort genutzt. Häufig wurde er von den Crows, den Blackfeet, den Bannocks und den Shoshoni besucht.

Ein herausragendes Beispiel ist die Flucht der Nez Percé. Häuptling Joseph entschied, dass die einzige Chance für seinen Stamm die Flucht nach Kanada sei.

Dementsprechend führte er mit Frauen, Kindern und beladen mit dem Besitz des Stammes, die Nez Percé aus dem Wallowa Valley im Osten Oregons, quer durch Idaho, in die Festungen von Yellowstone, quer durch den Park und fast quer durch Montana, wobei er den ganzen

Weg kämpfte, bis dreißig Meilen von seinem Ziel entfernt die meisten Natives gefangen genommen wurden. Zu Beginn wurde Chief Joseph von Soldaten aus dem Westen bedrängt. Er wehrte sie ab, überlistete Gruppen, die geschickt wurden, um seinen Weg zu blockieren, übertraf allgemeine Truppen, die ihm in Yellowstone und Montana entgegengeschickt wurden, und trotz seiner großen Behinderungen und seines Mangels an Vorräten hielt er seine Bande zusammen.

Im Yellowstone trafen die Nez Percé auf zwei getrennte Gruppen von Touristen, tauschten ihre müden Pferde gegen die frischen der Besucher, beschlagnahmten einen Teil der Vorräte und zogen mit Frauen und Kindern weiter, wobei sie sich immer den Truppen entzogen. In dieser bemerkenswerten Flucht führte Häuptling Joseph die Nez Percé über ein halbes Dutzend Bergketten, durch Pässe, die als unpassierbar galten, die ganze Zeit in fremdem Land, bis er das nördliche Montana erreichte, das alte Büffeljagdgebiet der Nez Percé. Häuptling Joseph und seine erschöpften Stammesangehörigen wurden von zwei Miliztruppen am Snake Creek in den Bear Paw Mountains umzingelt, fast in Sichtweite der Freiheit. Ich wäre es ihm vergönnt gewesen. Eine Info-Tafel darüber fanden wir im Nationalpark.

In Lake fuhren wir auf die 14te Richtung Pahaska Tepee ins das Shoshoni Gebiet nach **Cody**, Powell Lovell und Kane. Vorbei am Schlachtfeld von General Custers Niederlage – am Little Big Horn.

Ziel ist das älteste Medizinrad: **Bighorn Medicine Wheel**, wo heute noch Zeremonien stattfinden. Ein hochenergetischer Ort in den Medicine Mountains. Am Eingang des Trails begrüßte uns eine Klapperschlange mit ihren Rasseln. Danach ging es ungefähr eine Stunde zum Platz. Der Wind kam von allen Seiten und umspielte uns. Wir dankten den Spirits, den Hütern des Platzes und machten unser Giveaway.

Anschließend übernachtenden wir am Eingang im Auto und die Welt war voller Gesänge. Coyote, Elch, Eule...

Der nächste heilige, zeremonieller Platz für die Naives, der für Sweatlodge und Vision Quest genützt wurde, ist der **Devils Tower**. Heute vor allem ein Kletterparadies.

Magnetisch zog es uns zu den **Black Hills** und da zum Crazy Horse Memorial. Schon bei Beginn der Zufahrt konnten wir ihn sehen. Crazy Horse in Stein gemeißelt. Er selbst hatte eine Vision, dass er in Stein wiedergeboren und von dort aus lehren wird.

Das Crazy Horse Memorial wird nicht mit staatlichen Geldern finanziert, sondern durch die gemeinnützige Crazy Horse Memorial Foundation, die ein Museum in der Nähe des Monuments betreibt. Das Museum beherbergt wunderbare Ausstellungsstücke von traditioneller Handarbeit und Bilder. Der gebürtige Pole Korczak Ziolkowski, wurde 1939 vom damaligen Häuptling der Sioux, Henry Standing Bear eingeladen, ein Denkmal zu gestalten. Mit dem Bau wurde dann 1948 begonnen, wohl 10 Millionen Tonnen Granit wurden seitdem aus der Felswand gesprengt. Fertig ist es wohl noch lange nicht. Ein Termin ist bisher nicht absehbar, es werden aber rund weitere 100 Jahre veranschlagt. Ziolkowski starb

1982. Seine Arbeit wird durch sieben seiner zehn Kinder fortgesetzt, und bis zu ihrem Tod im Mai 2014 war daran auch seine Frau Ruth beteiligt.

Geplant ist noch die erste Native Universität.

Bei unserem Besuch trafen wir auch bei einer Tanz und Gesangs Darbietung den Bruder von Henry Red Cloud, den wir später besuchten. Wir übernachteten in der Nähe von Custer in Cabins, die zweitgünstigste Möglichkeit und die günstigste in Betten zu schlafen. Blieben dort zwei Tage, um die

Black Hills ein bisschen zu erkunden.

Unter diesen den Lakota heiligen Bergen versteckt sich aber ein von Menschen gemachtes Monster, unsichtbar, unhörbar und nicht zu riechen. Es ist heute noch aktuell, sodass ich an dieser Stelle den Bericht unverändert veröffentliche.

Wie sich der Uranabbau auf Süd Dakota auswirkt

Ein Bericht von Julia Bangerter, INCOMINDIOS Schweiz

Die Tetuwan leben im Pine Ridge Reservat in South Dakota, einer der ärmsten Bundesstaaten der USA, mit dem Pine Ridge Reservat an der traurigen Spitze der Armutsstatistik aller Reservate. Nirgends in der westlichen Hemisphäre ist die Lebenserwartung so gering wie in dieser Region. Das Territorium wurde Mitte des 19.Jh den Lakota, Dakota und Nakota zugesprochen - in den 50er Jahren des 20.Jh wurde dort jedoch Uran entdeckt. Durch dessen Förderung und Verarbeitung sind die natürlichen Lebensgrundlagen und schließlich die Kultur der Indigenen gefährdet: Seit über vierzig Jahren liegen in der Region Tausende von Minen still. Heilige Orte wie die Black Hills sind radioaktiv verseucht. Da damals noch keine Umweltgesetze die Renaturierung und Sicherheitsmaßnahmen regelten, fühlt sich nach der Schließung der Urangruben keine offizielle Stelle verantwortlich für die Wiederherstellung des ursprünglichen Zustands. An der Quelle des Cheyenne River im Thunder Basin National Grasland in Wyoming befinden sich mehrere verlassene Uranminen, deren Abwasser direkt in den Cheyenne River mündet. Hoch-radioaktives Material wird dadurch den Fluss hinunter ins Cheyenne River Reservat weit im Westen von Süddakota transportiert. Obwohl der Bundesstaat die durch die

Minen verursachte hohe Kontamination bestätigt hat, sind bis jetzt keine Schutzmaßnahmen ergriffen worden. Das Flussbett, das Grundwasser und umliegendes Land sind verseucht. Die Strahlung wird von Pflanzen und Tieren in den gesamten biologischen Kreislauf geleitet - mit fatalen Folgen für die Umwelt wie für die Gesundheit der Menschen (erhöhte Raten von Lungen- und Schilddrüsenkrebs, Leukämie, Unfruchtbarkeit, etc.).

Das Beispiel des Dorfes Red Shirt steht für etliche ähnliche Fälle: Die Oglala Lakota Gemeinschaft hängt direkt von natürlichen Ressourcen ab. Dass das Grundwasser in den Black Hills durch Radioaktivität, die aus den verlassenen Uranminen durch den Boden sickert, verseucht ist, war schon länger bekannt. Einmal kontaminiertes Grundwasser kann nicht wieder regeneriert werden. Deshalb hatten die Dorfbewohner die Grundwasserpumpen stillgelegt. Aber der Cheyenne River war seit jeher eine wesentliche Nahrungsmittelquelle, sein Wasser wurde getrunken. Auf die Anfrage eines Anwohners, ob stattdessen das Flusswasser der Bewässerung dienen könne, nahm

Charmaine Proben. Diese ergaben, dass allein die Alpha Strahlung mit einer langen Halbwertszeit in diesem Nass wesentlich über dem maximalen Richtwert liegt. Auf die hohe Verseuchung des Flusses deutet die Tatsache, dass praktisch kein Wasser- leben mehr existiert. Heute warnen Tafeln vor dem radioaktiv verseuchten Gewässer. Versuche, den Cheyenne River zu säubern, sind bis jetzt gescheitert. Trinkwasser muss ins Reservat transportiert werden.

Über weite Distanzen verbreitet der Wind zudem feinsten Uranstaub und radioaktive Gase. Trockene Abschnitte des Flussbetts weisen eine zweimal höhere Strahlung auf als normalerweise im Boden gemessen wird. Annahmen von Seiten der Regierung, die höhere Radioaktivität sei natürlich, weist Charmaine White Face vehement ab:

"Wenn das der Fall wäre, hätte es dort seit Tausenden von Jahren keine Dörfer mehr gegeben. Früher hätte es in diesem Fluss keine Fische oder Wasserlebewesen gegeben. Wir beprobten den Fluss mit Netzen für Wasserlebewesen und fanden nur 2 Krebse und etwa 10 Elritzen in mehr als 100 Metern des Flusses. Im Wesentlichen ist es ein toter Fluss."

In einigen Gebieten um die Black Hills überschreitet die radioaktive Strahlung die natürliche Radioaktivität um den Faktor 1400. Die Defenders of the Black Hills fordern, dass alle verlassenen Uranminen gänzlich renaturiert und der betroffenen Bevölkerung Entschädigungen ausgezahlt werden. Flächendeckend sollen Wasserproben durchgeführt werden.

In Anbetracht der offensichtlich fatalen Auswirkungen der Uranförderung und Weiterverarbeitung, ist die ignorante Haltung der US-Regierung inakzeptabel. Die Studien, welche x-fach über dem tolerierten

Maximum liegende radioaktive Werte in Boden,

Gewässer und Luft belegen, hindern den kanadischen Konzern Powertech nicht daran, in den Black Hills ein Projekt mit der In Situ-Laugungsmethode zu starten – erneut soll Uran abgebaut werden, obschon die Folgen der Uranwirtschaft der letzten 50 Jahre immer noch nicht behoben worden sind.

Charmaine White Face weist darauf hin, dass die gravierenden Auswirkungen der atomaren Kette uns alle betreffen: "Wir werden globale Auswirkungen sehen, *nicht nur lokale Auswirkungen aus den Jahren des Uranabbaus"; sagt sie voraus.*

Charmaine White Face, eine Angehörige Tetuwan Sioux und Sprecherin der Tetuwan Sioux Nation Treaty Council erhielt 2007 den Nuclear Free Future Award für ihr selbstloses Engagement gegen die Uranwirtschaft. Unermüdlich setzt sich die Biologin und Autorin für eine nuklearfreie Welt ein. Sie ist Mitbegründerin der Organisation Defenders of the Black Hills, die gegen verlassene Uranminen und die Lagerung radioaktiven Abfalls in den heiligen Black Hills vorgehen. www.defendblackhills.org

www.incomindios.ch

mit freundlicher Genehmigung übernommen von

https://doczz.com.br/doc/1209549/ein-bericht-von-juliabangerter--incomindios---nuclear

….und diesem Monster werden wir nicht Herr, erinnere dich an Tschernobyl, unsere Schwammerl strahlen immer noch…

…aber zurück zum Reisebericht

Die Badlands

Wenn du von der Wall kommst und da am Abbruch der Prärie stehst, raubt es dir, so hoffe ich, wie uns, den Atem. Wie waren voller Staunen und hatten das Gefühl zu Hause zu sein. Diese Weite öffnete uns das Herz.

Ich weiß nicht, woher der Name kommt, vielleicht weil sich dort Jesse James, Billy the Kid und diverse andere Revolverhelden versteckt hatten, oder von den Lakota, die das Land „Makhóśiča" (schlechtes Land) nannten. Jedenfalls gibt es dort nichts…außer Dinosaurierknochen und Klapperschlangen. Unterhalb des Nationalparks beginnt die Reservation „**Pine Ridge**", das Armenhaus der Natives.

Unsere erstes Ansinnen war der Besuch bei Henry Red Cloud. Dort angekommen wurden wir herzlich empfangen. Wir wurden eingeladen, Quartier zu beziehen und uns zum Frühstück zu gesellen. Leider hatte Henry wenig Zeit, da er für seine Firma Lakota Solar Enterprises eine Kurs veranstaltete, bei dem nicht nur Natives aus den USA teilnahmen, sondern auch ein afrikanischer Gast vom Volk der Massai, um den Bau von Solaranlagen zu lernen.

Henry Red Cloud wurde für sein Engagement mehrfach ausgezeichnet. Er ist ein direkter Nachkomme von Red Cloud, der unermüdlich gegen die Besatzer kämpfte und einen großen „kleinen" Sieg davontrug, bis er müde geworden, erkannte, dass es sinnlos sei. Er starb fast hundertjährig.

Wir besuchten sein Grab und die in der Nachbarschaft entstandene Schule und Museum. Der Wind hieß uns willkommen.

Mehr über die wertvolle Arbeit von Henry, kann man direkt auf seiner Website nachlesen.

https://www.redcloudrenewable.org/

Natürlich besuchten wir Wounded Knee, das Grabmal des gleichnamigen Massakers. Tiefe Trauer erfüllt uns, wir spüren den Schmerz und die vielen Wunden. Scham und Zorn über diese Grausamkeiten.

Am 29. Dezember 1890 umzingeln Soldaten die fliehenden Lakota dann am Wounded Knee, einer Grasebene am Rand der Black Hills. Die Männer, Frauen und Kinder ergeben sich sofort. Doch als sich aus der Waffe eines jungen gehörlosen Kriegers ein Schuss löst, der niemanden verletzte, schlagen die Soldaten erbarmungslos zu. Mit ihren Gewehren und Granaten mähen sie über 300 Menschen nieder, darunter viele Kinder. Die Toten ließ man einfach liegen. Ein Schneesturm gefriert die Leichen zu eisigen Mahnmalen des letzten ungerechten Kampfes zwischen Ureinwohnern und Eindringlingen. Die Soldaten, die die 300 wehrlosen Menschen ermordet hatten, wurden später mit Orden ausgezeichnet.

In Einmachgläsern wurden die herausgeschnittenen Geschlechtsteile von Frauen präsentiert und ein Kind, dass während des Massakers geboren wurde, wurde zum Ausstellungsstück eines tingelnden Zirkus. Grausamer weißer Mensch!

Henry empfahl uns nach **Bear Butte** zu reisen. Einem Ort, wo heute noch Sweatlodges und Visionssuchen praktiziert werden, also noch einmal Richtung Westen. Kurz nach Sturgis nördlich erhebt sich ein einzelner Berg.

Bekannte Häuptlinge der Sioux wie Red Cloud, Crazy Horse und Sitting Bull besuchten den heiligen Berg regelmäßig. Auch fanden an dem Berg wichtige Treffen der Stämme und ihrer Häuptlinge statt. Ursprünglich wurde der Berg im Vertrag von Fort Laramie 1868 den Sioux-Indianern für alle Ewigkeit zugesprochen. Nach dem Fund von Gold wurde das Gebiet 1877 von den Vereinigten Staaten vertragswidrig annektiert.

Schon in der ersten Meile wandern wir durch Pinienhaine, die mit Gebetsfahnen verziert waren. Beim Aufstieg begegneten uns mehrere junge Natives, die schweigend ihren heiligen Berg betraten.

Im oberen Drittel bewunderten wir Adler, die das Spiel mit dem Wind genossen. Ich begab mich auf einem seitlichen Gipfel und begrüßte dort die Elementargeister, setzte mich dort und fiel innerhalb von Sekunden in Kontemplation. Da war nur noch der Wind, die Pfiffe der Adler und die empfundene Weite.

Danke an Karin, dass sie mir diesen Schritt ermöglichte.

Zurück in den Badlands, besuchten wir noch Rosi von der Trading Post, eine ausgewanderte Deutsche.

Danke an Henry Red Cloud und seiner Familie für die Gastfreundschaft. Schweren Herzens verabschiedeten wir uns, mit dem Wunsch wieder zu kommen.

Der Weg zu meiner Halbruder nach Rochester, mitten durch die Prärie nach Sioux Falls, ist versperrt. Ein Tornado flutete die Straße von Sioux Falls und hinderte uns bei der Weiterfahrt.

Doch bei jeder unbeliebten Veränderung gibt es Schätze zu entdecken.

Wir querten unterhalb von Sioux Falls und sahen diesen Weißkopfseeadler, der uns lange Fotomodel stand.

Wir fuhren über Deborah zum Dunning's Spring Park nach Maquoketa Caves State Park, wo uns ein Geistwesen erwartete. Der Beschützer der Höhle.

Danach über Chicago und Detroit auf die Kanada Seite zum Lake Erie nach Chatham-Kent, Ontario.

Kanada

Notiz am Rande: Kanada ist wunderbar, der Kaffee und das Frühstück schmeckt, die Menschen sind freundlich.

Die Tiere in der Mehrzahl, wie diese Wildgänse und die Turtles, eine Ansammlung von Monarchfalter.

Schließlich erreichten wir die Niagarafälle.

Tonnen von Wasser fließen hinab, ca.3000m³/ pro Sekunde in einer Fallhöhe von 57 m. Die Gischt ist gewaltig. Auf Empfehlung von Walter, sahen wir uns gedrängt mit der „Maid of the Mist" zu den Horseshoe Fällen zu schippern. Ein großartiges Erleben...

Die Region wurde einst von einem Stamm der Irokesen, den Ongirararas bevölkert und die Fälle waren und sind ein Naturheiligtum. In ihrer Sprache stammt die Bezeichnung Onguiaahara -„ wo die großen Wasser donnern"- daraus wurde… Von Niagara… nach Rochester ist es nur mehr ein Sprung. Mein Bruderherz Walter, der Sohn eines amerikanischen Befreiungssoldaten, ist seit 1970 in den Staaten und versuchte seinen Vater zu finden. Zuerst fand er Caren, heiratete und zeugte Lindsay und Kelly. Fand seine Vater in den 90ger, war aber enttäuscht. Wir verbrachten ein paar Tage bei ihnen und machten Ausflüge in der Umgebung.

Wir dachten schon an die Heimreise. Schade für uns, den die Geschichte der Sechs Stämme ist wahrlich interessant. Sechs Stämme mit der gleichen Sprache haben sich in einem Bund der gegenseitigen Unterstützung vereint. Demokratisch und Matriarchal. Empfehlenswert das Buch: Die Indianer Nordamerikas von G. Catlin. Zurück nach Chicago, um nach Hause zu kommen.

Danke für dein Lesen dieses Buches.

Werner Mikota

geboren 1956 im Zeichen des Otters, Sohn einer Kellnerin und eines Tischlers. Ich bin verheiratet und Vater von 2 Söhnen und Großvater eines Enkelsohnes und einer Enkeltochter. Ich war und bin gesellschaftspolitisch seit jeher interessiert und aktiv. Mehr als 20 Jahren von Beruf Psychotherapeut, konfessionslos und parteilos - aber immer in Bewegung sowohl in spiritueller als auch in gesellschaftspolitischer Hinsicht. Seit 2018 in Pension... und unverbesserlicher Träumer, an eine bessere Welt und Reisender im Inneren und Äußeren.

www.vereinalteswissen.com

verein-alteswissen@posteo.at

Coverfoto: Eve Maier Unsplash

Im Buch: Alle Fotos von Werner Mikota, außer...

S. 136: Maya Tänzer – Evaristo Villegas von Unsplash

S. 225: Pixabay

Hilfe beim Text Monika Görig

Hilfe beim Layout Karin Mikota